Jesper Juul (1948 – 2019) war einer der bedeutendsten und innovativsten Familientherapeuten Europas, Konfliktberater und Gründer des Elternberatungsprojekts familylab international. Durch zahlreiche Seminare, Vorträge, Medienauftritte und erfolgreiche Elternbücher wurde er international bekannt. Seine respektvolle, gleichwürdige Art, mit Menschen umzugehen, beeindruckt Fachleute wie Eltern auch heute noch immer wieder neu.

Jesper Juul in der Presse:

»Juul ist eine Lichtgestalt der modernen Pädagogik. … Im Unterschied zu vielen Kollegen betont er nicht die Schwierigkeiten, sondern die Ressourcen der Eltern-Kind-Beziehung.« *Der Spiegel*

»Eltern lieben Jesper Juul dafür, dass er Auswege aus den Erziehungsfallen der Gegenwart eröffnet.« *Frankfurter Allgemeine Sonntagszeitung*

Außerdem von Jesper Juul lieferbar:

5 Grundsteine für die Familie. Wie Erziehung funktioniert
Aus Stiefeltern werden Bonus-Eltern. Chancen und Herausforderungen für Patchwork-Familien
Das Familienhaus. Wie Große und Kleine gut miteinander auskommen
Die kompetente Familie. Neue Wege in der Erziehung
Familienberatung. Worauf es ankommt, wie sie gelingt
Kinder sind Geschenke für die Welt. Ein Familienbegleiter für alle Wochen des Jahres
Nein aus Liebe. Klare Eltern – starke Kinder
Pubertät. Wenn Erziehen nicht mehr geht
Schulinfarkt. Was wir tun können, damit es Kindern, Eltern und Lehrern besser geht

Jesper Juul

Dein selbstbestimmtes Kind

Unterstützung für Eltern, deren Kinder früh nach Autonomie streben

Herausgegeben von Mathias Voelchert
Unter Mitarbeit von Knut Krüger

PENGUIN VERLAG

Aus dem Dänischen übersetzt von Knut Krüger: Einleitung

Hinweis: Die Namen in den Elternbriefen wurden von der Redaktion geändert.
Dieses Buch wurde mit großer Sorgfalt erstellt. Wir haben uns intensiv bemüht, das Einverständnis aller Eltern, deren Briefe hier abgedruckt sind, einzuholen. Leider konnten wir einige Eltern nicht erreichen.
Zur Wahrung der Rechte der Betroffenen haben wir deshalb leichte Verfremdungen an den Texten vorgenommen.

MIX
Papier | Fördert gute Waldnutzung
FSC® C014496

Penguin Random House Verlagsgruppe FSC® N001967

3. Auflage

Neumarkter Straße 28, 81673 München
produktsicherheit@penguinrandomhouse.de
(Vorstehende Angaben sind zugleich Pflichtinformationen nach GPSR)

Covergestaltung: Büro Jorge Schmidt nach einem Entwurf von Weiss Werkstatt
Covermotiv: © DEEPOL by plainpicture/Peter Rutherhagen
Satz: Uhl + Massopust, Aalen
Druck und Bindung: GGP Media GmbH, Pößneck
Printed in Germany
ISBN 978-3-328-10810-8
www.penguin-verlag.de

Dein selbstbestimmtes Kind

Inhaltsverzeichnis

Vorwort

Zunächst möchte ich an dieser Stelle allen Eltern herzlich danken, die uns geschrieben haben. Ohne Ihren Mut, uns Ihre Beobachtungen und Erfahrungen, aber auch Ihre Sorgen und Nöte anzuvertrauen, wäre dieses Buch nicht entstanden.

Alle Ihre Zuschriften handeln von Kindern, deren Streben nach Unabhängigkeit und Autonomie weit über das gewohnte Maß hinauszugehen scheint. Deren ausgeprägter Wille, *selbst* Stellung zu beziehen und *eigene* Entscheidungen für sich zu treffen, viele Eltern überfordert.

Jesper Juul hatte viele Jahre lang Bedenken, über diese Art von Kindern zu reden und zu schreiben, hat sich dann aber doch dazu entschieden – teils, um die erschöpften und oft verzweifelten Eltern zu ermutigen, ihre Kinder so zu nehmen, wie sie sind. Teils, um es den Kindern zu ersparen, eine offizielle »Diagnose« aufgepfropft zu bekommen, die ihnen nicht gerecht wird.

Denn die wichtigste Aussage, die ich seit dem Beginn unserer Zusammenarbeit im Jahr 2006 immer wieder von Jesper Juul gehört habe, lautet folgendermaßen: »Das Kind *ist*. Punkt.«

Diese Haltung ermöglicht uns Eltern eine entspannte Grundeinstellung und gibt uns zudem die Gewissheit, dass wir unsere Kinder nicht formen müssen, sondern dass alles Wesentliche bereits in ihnen angelegt ist. Wir müssen nur dafür sorgen, dass sich ihre Talente frei entfalten können und dass wir als Eltern die Freude an unseren Kindern nicht verlieren.

Dazu noch empathische Begleitung und liebevolle, elterliche Führung – was sollte dann noch schiefgehen?

Drei Jahre lang haben wir gemeinsam an diesem Buch gearbeitet, und trotz seiner schweren Erkrankung – Jesper Juul litt an der Autoimmunkrankheit Transverse Myelitis, die ihn brustabwärts lähmte und seine Arbeitskapazität stark einschränkte – hat er sich stets bemüht, möglichst präzise auf die Briefe der Eltern einzugehen. Seine teils knappen, jedoch stets erhellenden und konstruktiven Antworten sind auch das Kondensat seiner jahrzehntelangen Berufserfahrung als Familientherapeut.

Das Buch ist fertig geworden, doch sein Erscheinen konnte Jesper Juul, der unmittelbar nach Fertigstellung des Manuskripts starb, nicht mehr erleben.

Was mich während der letzten Monate unserer Zusammenarbeit sehr berührt hat, ist die Tatsache, dass die oft gestellte Frage: »Habe ich ein autonomes Kind oder nicht?« zunehmend in den Hintergrund trat. Immer klarer schälte sich stattdessen der Wunsch aller Eltern heraus, so gut wie möglich mit ihren Kindern in Kontakt zu kommen, ohne ihnen das Gefühl zu vermitteln, mit ihnen sei irgendetwas nicht in Ordnung.

Der Wunsch nach Selbstbestimmtheit ist in uns von Geburt an angelegt, beim einen mehr, beim anderen weniger. Es ist der Wunsch, die eigenen Anlagen entwickeln zu dürfen, sich als Mensch mit seinen Fähigkeiten einzubringen und von seinen Mitmenschen unterstützt zu werden.

Die facettenreichen Beschreibungen der Kinder in diesem Buch belegen die unendliche Vielfalt, mit der wir alle geboren wurden und die nun endlich immer mehr gelebt werden darf – im Elternhaus, im Kindergarten und in der Schule.

Ich wünsche Ihnen größtmöglichen Gewinn aus den vielen Elternbriefen und den Antworten von Jesper Juul, die mich in ihrer Prägnanz und Klarheit weiterhin anrühren. Mögen diese Einsichten Ihr Elternsein etwas erleichtern.

Ihr Mathias Voelchert
Gründer von *familylab.de* in Deutschland und dessen Leiter 2006–2022

Was ist ein selbstbestimmtes Kind?

Ein selbstbestimmtes oder autonomes Kind ist ein Kind, das von Geburt an auf sein Selbstbestimmungsrecht besteht und dadurch seine Eltern an ihrer Liebe und dem Wert ihrer Fürsorge zweifeln lässt.

Selbstbestimmte Kinder fordern also das Recht ein, über ihre eigenen Belange zu entscheiden und eigene Entscheidungen zu treffen. Sie scheinen nur selten daran zu zweifeln, was gut und was schlecht für sie ist, besitzen aber weder das Urteilsvermögen noch die Erfahrung eines Erwachsenen. Selbstbestimmte Kinder brauchen keine Wahlfreiheit, sondern das Recht, zu den Angeboten und Forderungen ihrer Eltern Nein sagen zu dürfen. Selbstbestimmte Kinder wollen nicht über ihre Familien oder ihre Eltern entscheiden, sondern kämpfen um ihr Recht, eigene Entscheidungen zu treffen. Durch Bestrafungen oder Belohnungen lassen sie sich nicht manipulieren.

Ich werde später noch auf diese Aussagen zurückkommen. Zunächst möchte ich jedoch die Erlebnisse von Müttern und Vätern mit ihrem Neugeborenen beschreiben:

- Mütter, die bereits mehrere Kinder zur Welt gebracht haben, merken oft schon während der letzten zwei, drei Monate ihrer Schwangerschaft, dass dieses Kind anders ist. Obwohl dieser Eindruck so unmissverständlich ist, lässt er sich schwer in Worte fassen. Erstgebärenden fällt manchmal auf, dass sich ihr Erlebnis, schwanger zu sein, von dem anderer Frauen unterscheidet. Doch erst, wenn ihr Kind Wochen, Monate oder Jahre später als autonom beziehungsweise selbstbestimmt bezeichnet wird, werden sie sich dieser Tatsache vollauf bewusst.
- Autonome Kinder werden fast immer mit einem »fertigen« Körper und einem »reifen« Gesichtsausdruck geboren. Eltern beschreiben oft, wie ihr Neugeborenes ihnen mit klarem Blick direkt in die Augen gesehen hat. Der Körper dieser Babys ist straff, zeigt bereits wohldefinierte Muskeln und keinen Babyspeck. Ihre Motorik ist der von Gleichaltrigen in den ersten 18–20 Monaten oft voraus.
- Ihr Verhalten ist von Beginn an äußerst spezifisch. Manche von ihnen wollen nicht allzu viel Körperkontakt, machen sich nichts aus Kuscheln und Knuddeln, wenngleich wir gelernt haben, dass Babys dies brauchen und die Eltern dies selbst so genießen. Fremden Erwachsenen gegenüber sind sie meist reserviert und weisen deren Kontaktversuche konsequent ab. Was vor allem für diejenigen Frauen in der Familie gilt, deren Kontaktaufnahme besonders aufdringlich und laut ist und die auch anderen Kindern gegenüber wenig geneigt sind, deren persönliche Grenzen zu akzeptieren.

Zu autonomen Kindern muss man zunächst einen Meter Abstand lassen und warten, bis man Blickkontakt zu ihnen bekommt. Dann kann man seine Hände vorstrecken und fragen: »Ich würde dich so gern auf den Arm nehmen, darf ich das?« Sollte die Antwort darin bestehen, dass das Kind den Blick abwendet, muss man das natürlich akzeptieren. Großmütter und kinderliebe Tanten fühlen sich durch dieses Verhalten oft provoziert, was schon mal zur einen oder anderen Krise zwischen den Erwachsenen führen kann.

In welchen Fällen handelt es sich nicht um ein selbstbestimmtes Kind?

In den letzten zwanzig Jahren hat es nicht an Horrorgeschichten von Großeltern, aus Kindergärten und Schulen gemangelt, die von Kindern handeln, die ihre Eltern ebenso wie alle anderen in ihrer Reichweite tyrannisieren, stets im Mittelpunkt stehen und von vorne bis hinten versorgt werden wollen. Kinder, die oft als »kleine Tyrannen« und als vollkommen »unerträglich« im Umgang bezeichnet werden. Selbst die Eltern haben irgendwann genug und gleichaltrige Freunde wenden sich ab.

Doch diese Kinder sind nicht autonom, sondern vernachlässigt, und ihr tyrannisches Verhalten geht auf Eltern zurück, die nach bestem Wissen und Gewissen versucht haben, alle Bedürfnisse und unmittelbaren Wünsche ihrer

Kinder zu erfüllen – freilich ohne sich des Unterschieds zwischen den grundlegenden Bedürfnissen und den momentanen Wünschen ihrer Kinder bewusst zu sein. Wenn Eltern nicht in der Lage sind, dies zu ändern, entwickeln ihre Kinder schnell narzisstische Eigenschaften bis hin zu einer regelrechten Persönlichkeitsstörung.

Je länger Kinder vernachlässigt und im Stich gelassen werden, desto einsamer und frustrierter werden sie, und ganz gleich, was ihre Mitmenschen versuchen, um sie zufriedenzustellen, es wird ihnen nicht gelingen. Diese Kinder fordern von ihrer gesamten Umgebung das Unmögliche, während autonome Kinder nur eine Herausforderung für ihre eigenen Eltern sind.

In gewisser Weise stellen diese vernachlässigten Kinder für Erwachsene außerhalb ihrer Familie genauso eine Provokation dar, wie autonome Kinder dies zuweilen tun, und wecken in ihnen noch weniger Empathie und Sympathie. Das sollte nicht darüber hinwegtäuschen, dass diese Kinder zutiefst unglücklich sind und den Kontakt zu Eltern, Großeltern und Pädagogen brauchen, die in der Lage sind, Nein zu ihren Wünschen und Forderungen zu sagen, ohne ihnen damit den Rücken zuzukehren. (Zu diesem Thema können Sie auch mein Buch »Nein aus Liebe« lesen.)

Während die Kinder allmählich von ihrer Rolle befreit wurden, immerzu süß, nett und ausgeglichen sein zu müssen, entlarvten sie das moralische Doppelspiel und die mangelnde Konsistenz der Erwachsenen. Ein Doppelspiel, das beispielsweise von Lehrern praktiziert wurde, die Respekt und Ruhe einforderten, jedoch nicht in der Lage waren, ihren Schülern ebenso zu begegnen. Wenn diese aufmüpfig oder vorlaut waren, wurde den Eltern vorgeworfen, ihre Kinder nicht ausreichend zu disziplinieren und in der Erziehung zu wenig Konsequenz an den Tag zu legen.

Eltern Inkonsequenz vorzuwerfen oder sich darüber zu beklagen, dass man als Lehrer nicht mehr konsequent sein (gewisse Strafen nicht mehr anwenden) dürfe, geht jedoch am Kern der Sache vorbei.

Wenn Kinder der Autorität der Erwachsenen Vertrauen und Respekt entgegenbringen sollen, erfordert dies *konsistente* Eltern – Eltern also, deren Verhalten mit ihren Werten übereinstimmt.

Die Mehrzahl dieser »frechen« oder unerzogenen Kinder ist weder autonom noch vernachlässigt, doch braucht es das Engagement der Erwachsenen, um eine dynamische und respektvolle Beziehung zu ihnen aufzubauen.

Im Zuge der Ausbreitung dieses Phänomens wurde eine alte Kategorie abgeräumt: die oppositionelle Verhaltensstörung, die weit davon entfernt ist, eine Persönlichkeitsstörung zu sein. Sie bezeichnet ein Verhalten, das ausschließlich Kinder und Jugendliche (manchmal sogar Erwachsene) an den Tag legen, die sich an einem Zusammenspiel beteiligen sollen, bei dem der Erwachsene nicht in der Lage ist, die Verantwortung für die Qualität des Zusammenspiels zu übernehmen. Oft handelt es sich dabei um Eltern, die zu autoritär/kränkend und/oder zu inkonsistent sind. Es handelt sich daher um eine wohlbegründete Opposition gegen eine unzulängliche Autorität.

Diese generell defensive Haltung kann sich in einem Alter von 2–3 Jahren im Zusammenspiel mit Eltern herausgebildet haben, die immer noch dem alten Mythos vom »Trotzalter« anhängen.

Selbstbestimmte Kinder haben keine ausgeprägte Sensitivität, sondern machen meist einen robusten Eindruck, können aber auch verletzlich, hysterisch oder empfindsam sein. Sie können sich im Zusammenspiel mit ihren Eltern nicht anders verhalten, solange diese ihre Grenzen nicht achten und ihr Bedürfnis nach Selbstbestimmung nicht akzeptieren.

Wie verhalte ich mich meinem autonomen Kind gegenüber am besten?

»Ich fühle mich wie die schlechteste Mutter der Welt.« Das war der erste Satz, den eine Mutter während eines Familiengesprächs zu mir sagte. »Wir haben noch drei andere Töchter, zu denen wir, abgesehen von den ganz normalen Problemen und Konflikten, ein gutes Verhältnis haben. Doch Katharina hat von Geburt an alles abgewehrt, was ich unter notwendiger und liebevoller Fürsorge verstehe. Trotz unserer jahrelangen pädagogischen Erfahrung sind wir mit unseren Kräften am Ende und fühlen uns total hilflos. Bitte helfen Sie uns!«

Mit diesen Sätzen hat die Mutter auf den Punkt gebracht, wie schwer es ist, ein autonomes Kind zu lieben und ihm gegenüber verantwortlich zu sein. Zu dieser wichtigen emotionalen und existenziellen Dimension gesellen sich soziale und moralische Aspekte. Lasse ich meine Tochter im Stich, wenn ich ihr das nicht mehr anbiete, was sie bisher permanent abgelehnt hat? Haben unsere Freunde und Verwandten womöglich recht, dass wir zu nachgiebig sind?

Für diese Mutter ging es um sehr konkrete Dinge:
- Die dichten, langen Haare ihrer Tochter zu bürsten.
- Sie zu einem vernünftigen Zeitpunkt zum Schlafen zu bringen.
- Dafür zu sorgen, dass sie dem Wetter gemäß angezogen ist.
- Dicht beieinander auf dem Sofa zu sitzen.
- Dafür zu sorgen, dass sie genug zu essen bekommt.

Die Tochter wollte von all diesen Dingen nichts wissen, alle Motivationsversuche oder Konsequenzen prallten an ihr ab. Doch ihre Mutter versuchte es immer wieder, weil sie sich andernfalls als Rabenmutter gefühlt hätte, die ihr Kind im Stich lässt oder sich von einem kleinen Mädchen tyrannisieren lässt. Acht Jahre lang hatte sie dies ausgehalten, doch nun konnte sie nicht mehr. Der Versuch, die Erziehungsverantwortung auf den Vater zu übertragen, hatte mit demselben kümmerlichen Resultat geendet.

Andere Eltern müssen auf ähnliche Dinge verzichten, ob es nun um Gute-Nacht-Rituale, Nahrungsaufnahme oder körperliche Nähe geht. Nach meiner Erfahrung und der vieler Familien gibt es jedoch keinen Ausweg, wenn Sie das Selbstvertrauen der Eltern und das Selbstgefühl des Kinders retten wollen. Der erste Schritt besteht darin, ein »Büfett« mit all der geistigen und psychologischen »Nahrung« aufzustellen, die man anbieten kann.

Warum? Weil es das Kind in die Freiheit versetzt, über das Was und Wann zu entscheiden, und ihm den Schmerz erspart, einen geliebten Erwachsenen abweisen zu müssen. **Selbstbestimmte Kinder haben genau dieselben Bedürfnisse wie andere Kinder, müssen aber selbst über Zeitpunkt, Ort und Menge der »Nahrung« bestimmen können.**

Wie? Man zählt einfach auf, was zur Verfügung steht – entweder per E-Mail, Snapchat oder indem man ein Bild malt –, und sagt seinem Kind, dass es nun nach Herzenslust aus diesem Angebot auswählen könne, sei es in einer Stunde, morgen, in drei Wochen oder in einem halben Jahr.

Die Eltern brauchen sich nicht zu sorgen, das Kind könne ihr Angebot missbrauchen. Selbstbestimmte Kinder haben ein ausgeprägtes Gespür und großen Respekt vor den Grenzen anderer. Seien Sie vorsichtig mit dem Wort »Lust« (»Nimm dir, worauf du Lust hast.«). Das gilt im Prinzip für alle Kinder, doch in diesem Fall ist es besonders wichtig, von »wollen« zu reden (»Nimm dir, was du willst.«)

Dies korrespondiert mit dem Bedürfnis des Kindes nach Selbstbestimmung, was etwas ganz anderes ist, als sich vom Lustprinzip leiten zu lassen. Damit bringt man Empathie zum Ausdruck, statt allzu willfährig oder hyperflexibel zu wirken. Man stellt Gleichwürdigkeit her, statt einen Service anzubieten.

Und jetzt kommt das Schwierigste an der Sache: Sagen Sie es nur ein Mal und dann nie wieder! Denn jede Wiederholung signalisiert entweder, dass Sie dem Erinnerungsvermögen oder dem Kooperationswillen Ihres Kindes misstrauen oder dass Sie Ihre eigenen Schuldgefühle besänftigen wollen, wodurch Ihr Angebot an Glaubwürdigkeit verliert.

Wenn Ihr Kind widerstrebend einwilligt und um Hilfe oder Fürsorge bittet, ist es wichtig, dass der Erwachsene sich seiner eigenen Grenzen bewusst ist. Es ist vollkommen in Ordnung zu sagen: »Wie schön, mein Schatz, aber ich kann leider erst heute Abend. Ich hoffe, du kannst so lange warten.« **Denken Sie stets daran, dass autonome Kinder ein feines Sensorium für Widersprüche und mangelnde Authentizität haben.** Darum sollte das Büfett erst eröffnet werden, wenn dies für die Eltern sinnvoll und keine neue Strategie oder Methode ist.

Meiner Erfahrung nach geschehen unmittelbar darauf zwei Dinge, die für eine Entspannung der Beziehung sorgen: Die Eltern sind von einem Teil ihres schlechten Gewissens befreit, und das Kind gibt einen Teil seiner defensiven Haltung auf, was es beiden ermöglicht, sich auf halbem Wege entgegenzukommen, ohne einen faulen Kompromiss schließen zu müssen.

Es geht also darum, vertrauenswürdig und entgegenkommend zu sein, wie der folgende Dialog veranschaulicht:

Sohn: »Papa, bringst du mich nachher ins Bett?«

Vater: »Ja, gern. Was meinst du, welche Zeit passen würde?«

Sohn: »So um neun.«

Vater: »Oh, um neun ist es schlecht, da muss ich mit Thomas telefonieren. Hast du einen anderen Vorschlag?«

Sohn: »Dann eben um halb neun … aber früher will ich nicht, Papa!«

Vater: »Halb neun passt gut. Ich freu mich.«

Beachten Sie, dass der Vater auf jegliche Belehrung verzichtet und damit Gleichwürdigkeit herstellt.

Schauen wir uns ein weiteres Beispiel an:

Tochter: »Papa, bringst du mich nachher ins Bett?«

Vater: »Ja, gern. Was meinst du, welche Zeit passen würde?«

Tochter: »So um neun.«

Vater: »Das ist mir zu spät. Nach neun ist nur Papa-Zeit, wenn du krank bist. Sonst ist das meine Erwachsenen-Zeit.«

Tochter: »Okay, dann geh ich eben allein ins Bett. Aber kannst du mir um halb neun noch was vorlesen?«

»Das tue ich gern.«

Auch in diesem Fall sorgt der Vater für ein gleichwürdiges Verhältnis, indem er sich *abgrenzt*, statt seiner Tochter Grenzen zu setzen. Sie ist sieben Jahre alt und weiß genau, dass ihre Eltern finden, sie ginge zu spät ins Bett. Das haben sie ihr schon klargemacht, als sie noch fünf war, deshalb müssen sie es nicht jeden Abend wiederholen. Falls sie es täten, würden sie ihrer Tochter vermitteln, dass sie schwer von Begriff sei.

Ein autonomes Kind darf die Familie nicht steuern und hat auch gar kein Interesse daran. Falls dies geschieht, liegt es daran, dass die Eltern sich steuern *lassen* – beispielsweise aus Angst vor Konflikten. Sollte das der Fall sein, müssen sich die Eltern ihre Führungsrolle bewusst machen, statt so zu tun, als sei ihr Kind ein machtdürstendes Monster.

Nehmen Sie sich in Acht. Für die Beziehung zwischen Eltern und Kindern ist es gefährlich, besserwisserisch aufzutreten. Das gilt für alle Beziehungen zwischen Kindern, Jugendlichen und Erwachsen, doch im Verhältnis zu autonomen Kindern fällt es Eltern oft besonders schwer, sich der Besserwisserei zu enthalten, weil diese Kinder so oft Entscheidungen treffen, die weder besonders klug sind noch auf Erfahrung beruhen. Die Eltern wissen es in der Regel eben doch besser, und das ist auch gut so. Bei autonomen Kindern müssen sie das, was sie »besser wissen«, zusammen mit all den anderen guten Angeboten aufs Büfett stellen.

Auch mit Überzeugungs- und Motivationsversuchen sollte man vorsichtig sein – es sei denn, Sie haben damit wirklich gute Erfahrungen gemacht. In Wahrheit sind beides schlechte Angewohnheiten oder ein Ausdruck von schlechtem Timing in Bezug auf andere Menschen. Im Verhältnis zu selbstbestimmten Kindern und Jugendlichen kommt es insbesondere darauf an, dass der Erwachsene das Nein der Kinder zur Kenntnis nimmt, *persönlich* darauf reagiert und mit aufrichtigem *Interesse* nach der Begründung fragt. Erst wenn sich Mimik und Körpersprache des Kindes wieder entspannt haben, kann man versuchen, sich eine Einladung zu verschaffen, um für die eigene Botschaft zu werben. Ein Beispiel:

Mutter: »Ich finde, du solltest dein Zimmer ein wenig aufräumen, bevor du heute Abend ins Bett gehst.«
Kind: »Ich will aber nicht.«
Mutter: »Es irritiert mich ein bisschen, dass es bei dir so unordentlich ist. Weißt du, warum du nicht willst?«
Kind: »Ich hab eben keine Lust.«
Mutter: »Hast du was anderes vor?«
Kind: »Wenn ich keine Lust hab, dann hab ich eben keine Lust!«
Mutter: »Darf ich ein bisschen Reklame für meinen Vorschlag machen oder soll ich damit warten?«
Kind: »Warten.«
Mutter: »In Ordnung, aber ich werde heute noch darauf zurückkommen. Länger will ich nicht warten.«
Kind: »Hm … okay.«

Wäre das Kind sofort einverstanden gewesen, hätte die Mutter Folgendes sagen können:

Mutter: »Ich bin nun mal so, dass es mich wahnsinnig stört, wenn es hier unordentlich ist. Das gilt für dein Zimmer genauso wie für Papas Kleiderschrank oder unseren Fahrradkeller. Ich will nicht über euch bestimmen, möchte aber, dass ihr Rücksicht darauf nehmt, dass ich so bin.

Kannst du dich in mich hineinversetzen?«

Kind: »Hm, nein, weil ich ganz anders bin.«

Mutter: »Okay, dann versuch einfach, dich daran zu erinnern.«

Kinder können ihre Empathie und soziale Verantwortung nur dann entwickeln und auch nur dann auf das Empfinden der Erwachsenen Rücksicht nehmen, wenn sie wissen, wie es uns geht. Wir verwehren ihnen diese Einsicht, wenn wir ihnen Anordnungen geben und belehrende Vorträge darüber halten, was gut für sie ist.

Bedeutungsvolle Botschaften

Möglicherweise haben Sie angesichts der Wortwahl gestutzt, die ich den Erwachsenen in diesen Beispielen in den Mund gelegt habe. Manch einer wird der Ansicht sein, diese Sprache sei zu »erwachsen« und der Botschaft fehle die pädagogische Dimension. Generell lässt sich sagen, dass in den ersten 14–18 Monaten das Vertrauensverhältnis zwischen Eltern und Kindern begründet wird. In dieser Zeit erfahren die Kinder, dass ihre Eltern sie lieben und es gut mit ihnen meinen. Diese Sicherheit und dieses Vertrauen vermitteln die Eltern mithilfe einer ausdrucksstarken Mimik und einer Stimme, die etwa eine Oktave höher liegt als sonst. Nach 15 Monaten können Sie Ihre Diskantstimme und die vereinfachte Sprache allmählich aufgeben.

Von diesem Zeitpunkt an lohnt es sich, eine erwachsene Sprache zu benutzen – und zwar keine akademische oder distanzierte, sondern eine *persönliche* Sprache. Ihre persönliche Sprache ist diejenige, die Ihre Werte, Gedanken und Gefühle in der jeweiligen Situation zum Ausdruck bringen. Die meisten Aussagen beginnen mit genau denselben Worten, die selbstbestimmte Kinder benutzen, um zu definieren, wer sie sind und was sie wollen:

Ich will – ich will nicht …
Ich mag – ich mag nicht …
Ich finde – ich finde nicht …
Ich meine – ich meine nicht …

Die Sprache gewinnt an »Körper«, wodurch Überzeugungskraft und Glaubwürdigkeit wachsen. Dasselbe gilt für Liebesbeziehungen zwischen Erwachsenen. In der althergebrachten Beziehung wurde *stets* über das Kind gesprochen und alle Aussagen begannen mit *»du«*, was der Beziehung keine Qualität verleiht, sondern nur den Drang nach Protest hervorruft: »Du sollst nicht über mich bestimmen!« Gemeint ist damit: »Ich will mich nicht nach dem richten, was angeblich gut für mich ist, wenn du nicht mal meine eigene Meinung hören willst!« Wenn der Erwachsene Du-Aussagen trifft und damit den Ton setzt, wird das Kind es ihm gleichtun. Und wenn Menschen so miteinander reden, ganz gleich welchen Alters und unabhängig von der Art ihrer Beziehung, führen sie weder einen Dialog noch ein konstruktives Gespräch – so etwas nennt man einen Streit.

Es ist nicht immer leicht, die innere Substanz in sich selbst zu finden, aber das macht nichts. Es ist der erkennbare Wille, dieser nachzuspüren, der beim Gegenüber Sicherheit und Vertrauen schafft.

Darüber hinaus hat dieser Prozess den Vorteil, dass er den Eltern hilft, »sich selbst zu finden«, ihre eigene Art der Führung zu entdecken, wodurch ihr Selbstgefühl und ihr Selbstvertrauen Tag für Tag wachsen. Somit lernt das Kind beide Eltern als unverwechselbare Persönlichkeiten kennen und wird dazu angeregt, seine eigene persönliche Sprache zu finden, wodurch seine emotionale und soziale Intelligenz gestärkt werden.

Freilich gelingt es uns in wichtigen Beziehungen nicht immer, uns verständlich zu machen oder den anderen zu verstehen. Als Inhaber der Führungsrolle kann man das gegenseitige Vertrauen und den Lerneffekt fördern, indem man das Misslingen benennt: »Uiuiui, jetzt haben wir die ganze Zeit versucht, einander zu verstehen, aber heute ist das wirklich schwierig – jedenfalls für mich. Hoffentlich kriegen wir das morgen besser hin.« Mit dieser einfachen Aussage bringen Sie Ihren inneren Perfektionisten zum Schweigen, und Ihr Kind gewöhnt sich daran, dass seine Eltern weder allwissend noch jeder Situation gewachsen sind. Ansonsten glauben Kinder nämlich, dass ihre Eltern Alleskönner sind, und dies ist eine der Ursachen, dass sie manchmal vor Hilflosigkeit wie gelähmt sind, wenn sie nicht binnen fünf Sekunden verstanden werden.

Autonome Kinder und ihre Geschwister

Die meisten Geschwister entwickeln die Vorstellung, dass für alle Kinder in der Familie dieselben Bedingungen herrschen sollen. Was in den meisten Familien dadurch verstärkt wird, dass die Eltern derselben Meinung sind und die alte Erkenntnis in den Wind schlagen, dass eine gleichwürdige und gerechte Behandlung notwendigerweise eine unterschiedliche Behandlung sein muss, weil wir Menschen nun mal verschieden sind. Falls sich unter den Familienmitgliedern ein autonomes Kind befindet, sollte man sich an diese Erkenntnis erinnern. Die Idee der Familie besteht ja gerade darin, dass die einzelnen Mitglieder möglichst viel von dem bekommen, was sie brauchen, und möglichst wenig von dem, was ihnen schaden könnte. Niemand kann immer alles bekommen.

Die Besonderheit autonomer Kinder besteht darin, dass sie bereit sind, die Verantwortung für ihre eigenen Entscheidungen zu übernehmen, was eine enorme Inspiration für die Eltern sein kann, was ihren Dialog mit den übrigen Kindern betrifft. Ein Beispiel:

Kind (6 Jahre alt): »Warum muss ich so früh ins Bett gehen, wenn Klara noch aufbleiben darf? Das ist total ungerecht!«

Vater: »Darüber können wir gerne reden. Aber lass uns das morgen machen, wenn wir ausgeruht sind, okay?«

Kind: »Okay, aber nicht vergessen, ja?«

Am nächsten Tag:

Vater: »Für Klara ist es sehr wichtig, dass sie über sich selbst bestimmt, und das darf sie auch, wenn wir sehen, dass es für sie das Beste ist. Wann willst du an normalen Wochentagen ins Bett gehen?«

Kind: »Hm, ich weiß nicht… aber ich will das auch selbst bestimmen.«

Vater: »Okay, aber dann möchte ich wissen, ob ich dich auch weiterhin ins Bett bringen und dir eine Geschichte vorlesen soll.«

Kind: »Ja, bitte.«

Vater: »Schön, ich möchte darauf nämlich auch nicht verzichten. Das heißt aber, dass wir eine feste Zeit verabreden müssen, sonst können Mama und ich nicht all die anderen Sachen planen, die wir tun wollen. Hast du einen Vorschlag?«

Kind: »Ich will zur selben Zeit wie Klara ins Bett gehen.«

Vater: »Du sollst es nicht wie Klara machen, sondern wie es für dich am besten ist. Klara legt sich so früh hin, dass sie genug Schlaf bekommt. Und jetzt mach dir mal Gedanken darüber, was das Beste für dich wäre – auch hinsichtlich der Schule am nächsten Tag. Denk in Ruhe darüber nach und sag Bescheid, wenn du einen Vorschlag hast.«

Mit diesem Rahmen, der die Begriffe Schlaf, Erwachsenenzeit und Eigenverantwortung umfasst, ist der Konkurrenz mit der Schwester der Wind aus den Segeln genommen, und die kommenden Tage und Wochen werden zeigen, was für eine Lösung daraus entsteht. **Es gehört zur Verantwortung der Eltern, die Qualität des Prozesses zu sichern, statt ein vorgefasstes Ziel anzustreben.** Wodurch der jüngere Bruder auch nicht der Versuchung erliegen kann zu behaupten, er dürfe von nun an »selbst entscheiden«. Je älter Kinder werden, desto mehr Entscheidungen können sie für sich selbst treffen, doch niemals allein, das heißt, ohne leitenden Input der Erwachsenen.

Auf dieselbe Weise lassen sich auch andere Unterschiede zwischen den Geschwistern handhaben, wodurch der Selbstbestimmungsdrang des autonomen Kindes zu einer positiven Inspiration für die ganze Familie wird. Ferner gewährt dieser Prozess Kindern und Jugendlichen wichtige Einblicke in das Verhältnis zwischen Individualität und Gemeinschaft.

Um diesen Konflikten, die traditionell mit »Geschwisterneid« erklärt werden, konstruktiv zu begegnen, sollte man denselben Leitlinien folgen und sich fragen: Was ist es, das mein Kind wirklich braucht, aber nicht bekommt? Sollte es sich am Ende über die große »Ungerechtigkeit« beklagen, ist dies eine gute Gelegenheit, es in den Arm zu nehmen und zu sagen: »Ich kann gut verstehen, dass du das ungerecht findest, aber so ist das Leben nun mal hin und wieder.«

Es folgt eine kurze Zusammenfassung der wichtigsten Tipps, wie Eltern sich konstruktiv verhalten können:

- Nutzen Sie Ihren Verstand und fragen Sie sich: Was habe ich über mein Kind gelernt? Seien Sie aber auch empathisch.
- Wahren Sie so weit wie möglich Ihre eigenen Grenzen und Bedürfnisse.
- Stellen Sie eine gleichwürdige Beziehung zu Ihrem Kind her. Begegnen Sie ihm auf Augenhöhe.
- Benutzen Sie eine persönliche Sprache.
- Hören Sie zu, um Ihr Kind zu verstehen, nicht um neue Argumente zu sammeln.
- Denken Sie daran, dass es nicht immer gelingt, sich verständlich zu machen.

Anleitung für Fachleute

Wenn sich Eltern an professionelle Erzieher, Lehrer oder Psychologen wenden, geschieht dies entweder, weil sie sich um das Wohlergehen und die Entwicklung ihrer Kinder sorgen oder weil andere »Fachleute« nicht in der Lage waren, das Verhalten der Kinder positiv zu beeinflussen. Solche Zusammenkünfte sind oft unbefriedigend, weil der Raum gewissermaßen von Erwachsenen bevölkert wird, die in ihrer Beziehung zu den Kindern allesamt zu kurz kommen. Daher schieben sie sich gern den Schwarzen Peter zu, wodurch die wertvollen Kompetenzen und Erfahrungen der Eltern mit ihren Kindern meist ungenutzt bleiben.

Eine Mutter schrieb mir:

»Wir haben die Erfahrung gemacht, dass es sehr vergnüglich und lehrreich sein kann, mit einem autonomen Kind zusammenzuleben. Auch unser drittes Kind profitiert sehr davon. Als Förderschullehrerin sehe ich auch den Nutzen, den andere Schüler und deren Eltern davon haben. Weniger schön sind hingegen die ständigen Hinweise anderer Menschen, dass es überhaupt keine Probleme gäbe, wenn wir unser Kind nur anders erziehen würden. Und Probleme gibt es ständig: nicht erledigte Hausaufgaben, Unpünktlichkeit beim Schulbesuch, Arbeitsverweigerung im Unterricht usw. Und um ganz ehrlich zu sein: Auch wir treffen nicht immer den richtigen Ton und sind allzu oft in einen Machtkampf verwickelt.

Wir würden sehr gern Ihre Hilfe in Anspruch nehmen, da wir dringend Rat benötigen. Seit dem Sommer besucht Elias die fünfte Klasse einer Gesamtschule, und bereits jetzt wurde uns geraten, mit ihm zu einem Therapeuten zu gehen. Auch uns fällt es nicht leicht, ein gutes Verhältnis zu ihm zu haben.«

Wenn die Erwachsenen allesamt das Gefühl haben, an das Kind nicht richtig heranzukommen, bekommt niemand die Hilfe, die er wirklich braucht. Und je größer die Anzahl wohlmeinender, aber inkompetenter Erwachsener im Umfeld eines selbstbestimmten Kindes ist, desto mehr verwandelt sich seine Autonomie in Isolation und Einsamkeit. Das Gefühl, den Anforderungen nicht zu genügen, kann eine offene oder verdeckte Aggression der Erwachsenen zur Folge habe, deren Leidtragende auch sie selbst sind. Nur verantwortungsbewusste Psychologen und Therapeuten sind in der Lage, ein Gespräch so zu führen, dass dies nicht geschieht.

Lehrer sollten ihren Schülern stets neugierig und vorurteilsfrei begegnen, statt das Verhalten eines Schülers vorschnell als unangemessen oder provozierend abzustempeln. Nur so kann ein gleichwürdiges Verhältnis etabliert werden.

Nach den Beschreibungen der Mutter ist dies bei Elias nicht der Fall, wodurch er sich weder willkommen noch akzeptiert fühlt und somit auch nicht in der Lage ist, die Anforderungen der Lehrer, was sein Verhalten angeht, zu erfüllen.

Für die betreffenden Lehrer geht es vor allem um zwei Dinge. Zum einen sollten sie sich darüber im Klaren sein, dass sich ihre Vorstellungen nicht sofort umsetzen lassen. Zum anderen sollten sie Elias zu einem Dialog einladen, der folgendermaßen lauten könnte:

Lehrer: »Hör mal, Elias… ich merke dir an, dass es dir an unserer Schule immer noch nicht gutgeht. Ich habe deine Eltern gebeten, an diesem Gespräch teilzunehmen, weil sie nicht dieselben Probleme erleben wie ich. Ich hoffe also, dass ich heute etwas dazulernen kann. Bist du dabei?«

Anmerkung: Der erste Satz bringt das Verständnis für Elias' Situation und einen gewissen Optimismus zum Ausdruck, was Elias dazu bringt, sich zu entspannen, und die Chancen erhöht, dass er das Gespräch bewusst wahrnimmt und sich später daran erinnern kann. Die folgenden beiden Sätze machen die unterschiedlichen Erfahrungen der Erwachsenen deutlich und betonen, dass es hier nicht um das »stereotype« Verhalten eines Kindes geht. Damit wird Elias sofort entlastet, was stets geschieht, wenn die Erwachsenen ihre Verantwortung für die Qualität der Beziehung anerkennen. Die letzte Frage ist nicht unbedingt auf autonome Kinder zugeschnitten. Sie unterstreicht die Gleichwürdigkeit der handelnden Personen sowie die Möglichkeit des Kindes, eine wertvolle Rolle zu spielen, ohne sich radikal ändern zu müssen.

Elias: »Ja.«

Lehrer: »Vielen Dank, Elias. Du weißt ja, dass ich manchmal ein bisschen aus der Haut fahre, wenn ich finde, dass du dich nicht an unsere Regeln hältst. Es liegt auch daran, dass ich nicht verstehe, was in diesem Moment zwischen uns vorgeht. Eigentlich mag ich es nicht zu schimpfen, und ich hasse es, wenn mir etwas nicht gelingt, worin ich sonst ziemlich gut bin …«

Anmerkung: Erneut hat der Lehrer seine eigene Verantwortung nuanciert beschrieben, ohne jemand anderem die Schuld zuzuweisen. Dies weckt Elias' Interesse, an der Lösung des Konflikts mitzuarbeiten, und schafft Vertrauen aufseiten der Eltern, weil der Lehrer ein Dilemma beschreibt, das sie selbst allzu gut kennen. Was es ihnen ferner ermöglicht, ihre konstruktiven Erfahrungen mitzuteilen, statt den Lehrer dafür zu kritisieren, Elias nicht zu »verstehen«.

Eltern haben oft völlig unrealistische Erwartungen, was Lehrer vermögen, und wenn sich der Konflikt um etwas dreht, das ihnen selbst Schwierigkeiten bereitet, kann ihre Hilflosigkeit in Aggression umschlagen (wie dies auch bei Kindern und Lehrern vorkommt). Wenn dies geschieht, wird der Prozess destruktiv für alle Beteiligten. In diesem Fall sollte sich der Lehrer auf seine Führungsrolle und auf seine Verantwortung für den Erfolg des Treffens besinnen. Er könnte zum Beispiel Folgendes sagen:

»Ich schlage an dieser Stelle eine kurze Pause vor, um ganz deutlich zu machen, dass ich nicht vorhabe, mich beschimpfen zu lassen. Als Lehrer und Mensch habe ich meine Defizite wie alle anderen auch, und im Moment versuche ich herauszufinden, wie ich am besten ein konstruktives Verhältnis zu Elias aufbauen kann, damit es uns beiden gutgeht.«

Anmerkung: Beachten Sie, dass seine Äußerung keine Kritik an den Eltern oder ihrem Kind darstellt und auch nichts Belehrendes hat (wozu manche Lehrer durchaus neigen). Aussagen wie diese brauchen weder kommentiert noch diskutiert zu werden. **Wenden Sie Ihre Aufmerksamkeit dem Kind zu und versuchen Sie, einen Dialog zu etablieren.** Damit ermöglichen Sie es den Eltern, einen klaren Kopf zu bekommen, ohne ihr Gesicht zu verlieren. Der Lehrer hat damit seine Beziehungskompetenz unter Beweis gestellt, und das Kind hat wertvolle Erfahrungen hinsichtlich der Lösung von Konflikten gesammelt.

Beziehung statt Diagnose

In den letzten zwanzig Jahren habe ich bei vielen Veranstaltungen vor Pädagogen, Therapeuten und Lehrern über selbstbestimmte Kinder gesprochen, und von etwa zwanzig Erwachsenen waren es stets um die fünf, die spontan ausriefen: »So ein Kind habe ich auch«, und etwa ebenso viele, die sagten: »So ein Kind war ich selbst.«

Sieht man sich die »Fälle« genauer an, kommt man hin und wieder zu der Erkenntnis, dass es sich nicht um autonome Kinder im klassischen Sinne handelt, auch wenn ihr Verhalten und ihre Erlebnisse diesen sehr ähneln. Doch allen diesen Kindern ist gemein, dass sie tagtäglich um ihre persönliche Integrität kämpfen, während die Eltern größte Mühe damit haben, ihr Verhalten zu entschlüsseln.

Sowohl diese Kinder als auch ihre Eltern bedeuten mir sehr viel. Die Kinder, weil sie so oft falsche Diagnosen erhalten, und die Eltern, weil ihr guter Wille und ihr warmes Herz so selten gewürdigt werden.

Dabei ist es inzwischen so einfach geworden, den Eltern einen konstruktiven Weg aufzuzeigen, und die Kinder reagieren ausnahmslos positiv auf die neue Erfahrung, im umfassenden Sinne gesehen und gehört zu werden und endlich die Zuwendung zu bekommen, die alle Kinder so dringend brauchen.

Im Grunde bin ich kein Anhänger davon, Individuen mit einer Diagnose zu versehen und in eine Schublade zu stecken. Ich habe jedoch die Erfahrung gemacht, dass eine prägnante Bezeichnung für alle aufschluss- und hilfreich sein kann. Auf Erwachsene kann so eine Bezeichnung, die ihrem Selbstbild entspricht, regelrecht befreiend wirken und sie von der Stigmatisierung befreien, die ja auch stattfindet, wenn es keine Diagnose gibt. Manche Eltern sind geradezu begierig darauf, Diagnosen wie »hochsensibel« oder ADHS zu erhalten. Ihre Motive unterscheiden sich teils stark voneinander, und ich fühle mich nicht befugt, diese zu bewerten. Doch ich hoffe, dass die Briefe in diesem Buch allen Eltern eine Inspiration sein mögen, ihre Kinder so zu sehen, wie sie sind, statt sie als Phänomen und sich selbst als diejenigen zu betrachten, die dieses Phänomen irgendwie »kurieren« könnten.

Die UN-Kinderrechtskonvention verpflichtet alle Eltern dazu, die Autonomie ihres Kindes ebenso zu achten wie die universellen Menschenrechte. Diese Pflicht ist natürlich politischen und kulturellen Interpretationen ausgesetzt, und ich erwähne dies nur, weil sowohl unser traditionelles als auch unser moderneres Verständnis von verantwortungsbewusster Erziehung das kindliche Bedürfnis nach Selbstbestimmung problematisiert, falls es die Kinder selbst sind, die darauf bestehen. Das ist es, was ich in anderen Zusammenhängen als »persönliche Integrität« bezeichne.

Ich habe noch nie darüber spekuliert und auch keine Studien dazu betrieben, worin die Ursachen dafür liegen könnten, dass manche Kinder mit einem ausgeprägten Selbstbestimmungsdrang auf die Welt kommen. Zum einen, weil dies außerhalb meiner Kompetenz liegt, zum anderen, weil es mir vor allem darum geht, persönliche und fachliche Beziehungen aufzubauen, um eine konstruktive Zusammenarbeit und Wohlergehen auf beiden Seiten zu ermöglichen.

Warum sich manche Menschen auf eine bestimmte Art und Weise verhalten, ist für mich zweitrangig, und selbst die klügsten Antworten auf diese Frage helfen der betreffenden Person noch lange nicht, einen Ausweg zu finden. **Hinzu kommt, dass autonome Kinder, soweit ich weiß, schon als autonome Kinder geboren werden und dass alle Versuche, sie liebevoll, pädagogisch und therapeutisch zu manipulieren, zum Scheitern verurteilt sind.**

Zu den absurden Zügen unserer Zeit gehört die Forderung, dass Pädagogen, aber auch Eltern nichts tun sollen, das nicht in irgendeiner Form wissenschaftlich erforscht ist. Diese Einschränkung unserer Handlungsfreiheit ist umso unlogischer, da sich die Forschung bislang nur für einen Bruchteil der unzähligen Phänomene, die zwischenmenschliche Beziehungen prägen, interessiert hat.

Ich möchte in diesem Zusammenhang unterstreichen, dass nicht nur die Elternbriefe in diesem Buch, sondern auch meine Antworten auf persönlicher Erfahrung beruhen, statt sich auf wissenschaftliche Studien zu stützen.

Dein selbstbestimmtes Kind

Südländisches Temperament oder selbstbestimmtes Kind?

In einem Ihrer Vorträge habe ich gehört, was Sie über »selbstbestimmte Kinder« schreiben, und jetzt bin ich mir ziemlich sicher, dass unsere Erstgeborene so ein Kind ist. Ihre Beschreibung passt so gut, dass sie mich richtig glücklich gemacht hat.

Unsere erste Tochter, die inzwischen 4 Jahre alt ist, war von Anfang an »speziell«. Ich bin Schweizerin, mein Mann Argentinier, und ich dachte bis jetzt, dass sie einfach sein südländisches Temperament geerbt hat und dass ich mich damit schwertue.

Schon als kleines Baby wollte sie nicht gehätschelt werden und am liebsten die ganze Zeit in ihrem Kinderwagen liegen. Sie braucht(e) nie viel Schlaf, weiß extrem gut, was sie will, und ist motorisch äußerst geschickt. Ich muss hierzu sagen, dass wir zurzeit eigentlich keine größeren Probleme haben, aber es hat schon Zeiten gegeben, in denen vor allem sie und ich regelmäßig aneinandergeraten sind.

Dass sich die Situation inzwischen entspannt hat, liegt wahrscheinlich daran, dass wir intuitiv das machen, was Sie in Ihrem Buch vorschlagen.

Seit sie 2 Jahre alt ist, entscheidet sie selbst, was sie anzieht. Sie isst grundsätzlich keinen grünen Salat (sonst jedoch alles), und diese Dinge akzeptieren wir einfach. Ich denke, auf ihre Weise hat sie uns das selbst beigebracht. Und ja, sie ist ein sehr intelligentes Kind, das äußerst sozial ist und sich rührend um ihre kleine Schwester kümmert! Ihre Schwester ist übrigens das pure Gegenteil (immer fröhlich, unkompliziert, offen). Ich glaube, das hat uns ihre Besonderheit noch mehr vor Augen geführt.

Haben Sie nochmals herzlichen Dank für Ihre Ausführungen, die uns sehr geholfen haben. Falls Sie einmal Daten sammeln von solchen Kindern, können Sie sich gern jederzeit bei uns melden.

Es grüßt Sie eine erleichterte Mutter

Antwort von Jesper Juul

Bei der Antwort auf Ihren Brief muss ich ein Risiko eingehen, da ich nicht die Möglichkeit hatte, mit Ihnen, Ihrem Mann und Ihrer Tochter ein persönliches Gespräch zu führen. Doch Ihre Beschreibung ähnelt den vielen, die ich in diesem Zusammenhang bereits gehört habe, und ich entnehme Ihren Worten, dass die Selbstständigkeit Ihrer Tochter Sie mit großem Stolz erfüllt.

Die »spezielle« Veranlagung Ihrer Tochter haben Sie – nach anfänglichen Irritationen – »einfach akzeptiert«. Dazu gratuliere ich Ihnen und möchte Sie ermutigen, Ihrer Intuition auch weiterhin zu folgen.

Ich glaube nicht, dass es sich bei Ihrer Tochter nur um »südländisches Temperament« handelt. Es ist sehr gut, dass Sie es vermieden haben, mit ihr einen Machtkampf zu führen, was mit diesen Kindern auch nahezu unmöglich ist. Sie lassen sich nicht manipulieren und haben ein feines Sensorium dafür, wenn jemand dies auch nur im Ansatz versucht. Man kann ihnen auch nicht drohen oder sie bestechen. Sie besitzen ein außergewöhnliches Gespür für ihre eigene Integrität.

Den meisten Kindern kann man das, was sie besonders brauchen, einfach vorsetzen. Denn alle Kinder brauchen »Nahrung« in Form von Fürsorge, Erziehung, Liebe. **Doch selbstbestimmten Kindern muss man diese Nahrung wie auf einem Büfett präsentieren, damit sie sich davon nehmen können, wann immer ihnen danach ist.** Und meiner Erfahrung nach bedienen sie sich früher oder später, nachdem sie das Angebot hinreichend geprüft haben. Hauptsache, sie dürfen selbst entscheiden, was, wann und wie viel sie sich davon nehmen. Und vor allem sollten sich diese Kinder davon nehmen dürfen, *weil sie selbst es wollen* – nicht weil Mama sonst traurig wird oder Papa es unbedingt will.

Die Selbstzweifel der Eltern

Ich bin Mutter von drei wundervollen Kindern, zwei Mädchen und einem Jungen. Unsere mittlere Tochter – Klara, heute 6 Jahre alt – war bereits als Baby ein »besonderes Kind«. Natürlich denken das alle Mütter von ihren Kindern. Aber Klara passte einfach in kein Schema. Sie kam um Punkt sieben zur Welt, was ein Zufall sein mag. Bereits als Neugeborenes hatte sie exakt alle vier Stunden Hunger, dazwischen war sie friedlich.

Klara ist immer nur in ihrem Bett eingeschlafen – sofern ein bestimmtes Ritual eingehalten wurde. Wenn eine Schublade mal nicht richtig zu war, musste ich hingehen und diese schließen! Bis heute wollte sie auch nie in unserem Bett schlafen, nicht mal, wenn sie krank war.

Mit 19 Monaten hat Klara dann beschlossen, keinen Mittagsschlaf mehr zu halten. Lukas war gerade auf die Welt gekommen und ich einem Nervenzusammenbruch sehr nahe. Ich habe ihr gut zugeredet, hab's mit Erpressungen und Belohnungen versucht, habe sie angeschrien und ihr Klapse auf den Hintern gegeben, obwohl ich mir fest vorgenommen hatte, meine Kinder niemals zu schlagen. Aber ich war verzweifelt und hab schon mal die Nerven verloren.

Eines Mittags ist sie drei Mal hintereinander über die Sprossen ihres Gitterbettchens geklettert und mit dem Kopf auf dem Holzfußboden aufgeschlagen. Von diesem Tag an hat Klara den Mittagsschlaf komplett verweigert. Abends ist sie dafür um Punkt sieben und ohne jegliches Theater ins Bett gegangen und hat zwölf Stunden lang durchgeschlafen.

Auch was Schnuller und Windeln angeht, hat sie ihren eigenen Kopf durchgesetzt.

Im Kindergarten kam sie bestens zurecht und zu Hause hat sie uns durch ihre fröhliche Art viel Freude bereitet. Doch wenn sie sich etwas in den Kopf gesetzt hatte, war sie nie vom Gegenteil zu überzeugen. Lange habe ich an mir gezweifelt und gedacht, ich mache in der Erziehung etwas falsch. Mein Mann war auch immer der Meinung, mit Klara sei etwas »nicht in Ordnung«. Sie zeigt zum Beispiel keine Schmerzen. Schon als Kleinkind hat sie es sich nicht anmerken lassen, wenn sie sich wehgetan hatte. Ich habe sie mal gefragt, ob sie nicht weinen will, wenn ihr etwas wehtut. Darauf hat sie geantwortet: »Wenn ich weine, tut es mir noch mehr weh!« Mit 3 Jahren!

Veränderungen jeglicher Art machen ihr enorm zu schaffen. Einmal haben wir das Wohnzimmer ummöbliert. Klara hat danach stundenlang geweint und war völlig verzweifelt. Sie macht sich zu allem Gedanken und sagt selbst, dass sie das Denken gerade am Abend nicht abstellen kann.

Manchmal sagt sie: »Ihr versteht mich einfach nicht«, womit sie zweifellos recht hat – wir haben ihre Sturheit oft nicht verstanden. Sie konnte ausflippen, wenn das Nutellaglas, das bei uns nur am Wochenende auf den Tisch kommt, versehentlich mal am Mittwoch aus dem Schrank geholt wurde.

Mit 4 Jahren wollte Klara unbedingt zur Schule gehen. Wir haben sie tatsächlich mit 5 Jahren eingeschult, und durch ihren unglaublichen Ehrgeiz hat sie so lange lesen und rechnen geübt, bis sie es konnte.

Inzwischen bin ich fest davon überzeugt, dass es sich bei Klara um ein selbstbestimmtes Kind handelt und dass man mit dem Setzen von Grenzen alles nur noch »schlimmer« macht. Ich kann mit ihr zeitweise reden wie mit einem Erwachsenen. Sie kann wirklich genau sagen, was sie braucht und was sie will oder nicht – und dies auch immer genau begründen.

Früher war ich der Meinung, dass Kinder in allem dem Willen der Erwachsenen folgen müssen. Aber durch das Wissen aus Ihren Büchern gelingt es uns immer besser, unseren Familienalltag zu bewältigen. Ich danke Ihnen sehr herzlich dafür.

Eine Mutter, die etwas dazugelernt hat

Antwort von Jesper Juul

Herzlichen Glückwunsch! Ich glaube, es gibt eine Sache, die Sie jetzt noch tun können. Sie können Klara zu einer kleinen Rede einladen und ihr genau das vermitteln, was Sie mir in Ihrem Brief beschrieben haben. Das könnte sich dann folgendermaßen anhören:

»Weißt du, Klara, ich habe lange Zeit nicht gewusst, was es ist, das dich so besonders und wertvoll macht. Ich habe immer geglaubt, du müsstest wie andere Kinder funktionieren, aber dann habe ich einen interessanten Vortrag von einem dänischen Familientherapeuten gehört, und jetzt verstehe ich, dass du ein ganz besonderes Mädchen bist und dass wir beide viel voneinander lernen können.

Ich erzähle dir gerne, was er über solche Kinder wie dich und über solche Eltern wie uns sagt. Und dann kannst du mir vielleicht auch sagen, was du dazu meinst und ob der Mann das alles gut verstanden hat oder nicht.«

Ich bin mir sicher, dass sich Klara durch Ihre persönlichen Worte ernst genommen und akzeptiert fühlen wird.

Das Unverständnis der Verwandten

Wir, mein Mann (30) und ich (31), haben einen wundervollen kleinen autonomen Zwerg. So nennt mein Mann unsere Tochter, seit sie einen Monat alt ist. Mittlerweile ist unsere »Motte« 20 Monate alt, und es ist wie eh und je mit ihr.

Unsere Tochter kam genau am errechneten Tag auf die Welt. Sie war »fertig«, ohne Käseschmiere und Babyspeck, und ihr Gesicht war irgendwie erwachsen. Vom ersten Tag an hatte sie ihren eigenen Willen und hasst nichts mehr als beengte Verhältnisse. Im Stubenwagen schlafen – keine Chance! Sie hat geschrien, bis sie blau wurde. Also haben wir ein großes Babybett gekauft und ihre Welt war wieder in Ordnung.

So lief das auch mit ihrem Kinderwagen. Legte ich sie hinein, strampelte sie mit Armen und Beinen gegen die Wände. Also kauften wir den breitesten Kinderwagen, den es gab, und sie liebte es, stundenlang darin zu liegen. Geschlafen hat sie dort jedoch nie.

Unsere Verwandtschaft hat sich immer über uns lustig gemacht und uns als junge Eltern ohne Rückgrat bezeichnet. Wir mussten uns so oft anhören, dass wir unser Kind zu sehr verwöhnen. Wir sehen das zum Glück anders. Mit einem Monat ist kein Baby in der Lage, seine Eltern auszunutzen. Sie wusste halt immer, was sie wollte, und wir haben sie dabei unterstützt.

Sie möchte einfach nur alles allein und auf ihre Weise machen. In ihrer Entwicklung ist sie sehr weit und in allem, was sie tut, unheimlich sicher. Sie redet den ganzen Tag und kann alles benennen, was sie tun will. Sie bestimmt, was sie anziehen und essen möchte, auch wenn dies manchmal ziemlich lustig und völlig unpassend ist.

Alles passiert bei ihr auf eine liebe Art. Sie schreit nicht oder wütet auch nie. Ich habe ihr halt immer ihren »Platz« gegeben und sie so geliebt, wie sie ist. Einer ihrer ersten Sätze war: »Selber machen!« Und ich lasse sie auch alles selbst versuchen. Bekommt sie etwas nicht hin, sagt sie: »Helfen!«. Mache ich ihr den Joghurt auf, isst sie ihn nicht. Nehme ich den falschen Pullover aus dem Schrank, zieht sie ihn nicht an, sondern sagt: »Mama anziehen!«

Ich könnte noch viele Beispiele nennen, aber das führt zu weit. Wir können uns wirklich glücklich schätzen mit unserer Tochter. Sie ist sozial und pflegeleicht, wenn man sie lässt.

Ich glaube schon, dass es anders wäre, wenn wir uns gegen ihren Willen stellen würden. Bitte verstehen Sie mich nicht falsch. Sie darf nicht machen, was sie will, und sie ist wirklich gut erzogen. Ich weiß nicht so recht, wie ich mich besser ausdrücken soll. Vielleicht irren wir uns auch und unsere »Motte« ist nur für ihr Alter weit entwickelt.

Es grüßen Sie glückliche Eltern

Antwort von Jesper Juul

Ich bedanke mich für Ihre schöne Geschichte und bin froh, dass Sie diesem alten Elternkonsens »Kinder müssen sich anpassen« nicht auf den Leim gehen. **Es gibt immer noch viele Eltern, die glauben, wenn Kinder ihre eigenen Wege suchen, wäre irgendwas mit ihrer Erziehung nicht in Ordnung.** Diese Annahme übt auf junge Eltern einen enormen Druck aus, und es ist wunderbar zu lesen, dass Sie sich diesem Druck nicht aussetzen.

Selbstbestimmte Kinder wie Ihre Tochter lassen sich nicht manipulieren. Sie sind vollkommen bei sich, aber dadurch natürlich auch ab und zu einsam. Das ist der Preis für ihre Autonomie. Für Ihre Tochter ist es wunderschön, dass sich ihre Eltern gegen die vielen Widerstände aus der eigenen Verwandtschaft behaupten können.

Sie schreiben, dass Ihre Tochter trotz aller Zuwendung nicht machen darf, was sie will. Mir kommt es so vor, als hätten Sie längst verstanden, dass Sie mit Ihrem selbstbestimmten Kind nicht wie mit einem 2-Jährigen sprechen müssen, sondern eher wie mit einem 30-Jährigen.

Sie können zum Beispiel Folgendes sagen: »Ich will, dass du das hier machst. Du darfst es machen, wann du willst, aber ich will, dass du es tust.« Und dann sollten Sie weggehen und den Kontakt unterbrechen, um keinen weiteren Druck auf Ihr Kind auszuüben. Denn selbstbestimmte Kinder sind gegen Manipulationen aller Art allergisch. Man muss ihnen gegenüber sehr klar den eigenen Willen zum Ausdruck bringen und danach den Kontakt unterbrechen, damit sie das Gesagte auf sich wirken lassen können.

Die meisten autonomen Kinder kommen sehr gut im Kindergarten zurecht. Doch absichtsvolles Süßholzraspeln der Erzieher können sie nun mal nicht ausstehen. Ihre Tochter ist kein »quadratisch-praktisches Kind«, aber sie ist sehr intelligent, darum wird sie vermutlich in der Schule keinen Krieg führen müssen.

Ihre Tochter hat einen starken Willen und will zeigen, was sie schon alles selber machen kann. Neun von zehn Pädagogen würden vermutlich mit dem Gedanken spielen, ihr Grenzen zu setzen. Aber das wäre eine schlechte Idee. Kinder wie Ihre »Motte« brauchen keine Grenzen. Sie brauchen vielmehr die Rückmeldung eines Erwachsenen: *Ich lerne gerade, wie ich mich dir gegenüber verhalten muss, damit es dir gutgeht*. Wenn diese Botschaft bei ihnen ankommt, müssen sie nicht mehr so viel Energie darauf verwenden, ihren Willen durchzusetzen.

Ihre Tochter braucht eine klare persönliche Ansprache und danach eine Pause. Sonst verliert sie ihre Würde, und für ihre Würde und Integrität hat sie einen besonders sensiblen Sensor. Es geht ihr nicht darum, die Macht zu übernehmen – sie will nur selbst über den Zeitpunkt entscheiden, *wann* sie etwas tut.

Warum schreit mein Kind so viel?

Ich bin Mutter von zwei kleinen Kindern und stoße immer wieder an meine Grenzen, so sehr ich mich auch anstrenge. Mein Sohn ist 3 Jahre und meine Tochter 2 Jahre alt.

Im Alter von 8 Monaten fing mein »Großer« an zu schreien, wenn ihm was nicht passte. Buggy fahren, Wickeln etc. wurde von diesem Zeitpunkt an zu einer Katastrophe. Er ist ein flinkes, kleines Kerlchen, das schon frühzeitig die Treppen raufgekrabbelt ist, für sein Leben gern klettert und einen großen Bewegungsdrang hat.

Doch mittlerweile sind mein Mann und ich völlig ausgelaugt und haben das Gefühl, dass unser Sohn unzufrieden ist, was mich natürlich selbst unzufrieden und traurig macht. Ich wünsche mir doch nichts sehnlicher, als dass es unseren Kindern gutgeht.

Eine Zeit lang hat er mich ständig abgewiesen. In dieser Zeit war ich sehr traurig. Ich war drei Jahre lang zu Hause und immer für meine Kinder da. Hausarbeiten habe ich dann erledigt, wenn die Kinder geschlafen haben. Wahrscheinlich hätte ich mich einfach mal ausruhen sollen, aber ich wollte immer alles perfekt machen.

Noch heute kann ich kaum das Essen zubereiten, wenn die Kinder dabei sind. Sie haben einfach keine Geduld, vor allem mein Großer hat noch nie Geduld gehabt und kann sich kaum einmal allein beschäftigen – nicht einmal früh morgens, wenn ich mich fertigmachen möchte.

Er spielt am liebsten »Bude bauen«, Stühle aneinanderreihen, Kissen aufeinanderstapeln etc., aber er ist nicht in der Lage, sich für fünf Minuten ein Hörbuch anzuhören oder ein altersgerechtes Spiel zu spielen. Ich mache mir dann immer Gedanken, ob das normal oder schlimm ist, dass er sich nicht mit sich selbst beschäftigen kann.

Wenn er es mal versucht, dann funkt garantiert meine Kleine dazwischen, und es gibt wieder Geschrei. Auch wenn irgendwas nicht so klappt, wie er will, schreit er aus voller Kehle, was wirklich ohrenbetäubend laut ist! Letztes Jahr im Sommer haben sich sogar die Nachbarn über den Lärm beschwert. Ich halte das manchmal nicht mehr aus, obwohl er mir so leidtut. Hinzu kommt, dass sich meine Kleine viel von ihm abschaut.

Haben Sie einen Tipp, wie ich mich meinem Sohn gegenüber verständlich machen kann, da er ja noch nicht so viel versteht und letztlich nichts für die gesamte Situation kann? Ich habe ihm schon mehrmals gesagt, dass mit ihm alles richtig und gut ist, aber dann redet er immer gleich von was anderem, als wolle er das nicht hören.

Im Kindergarten läuft alles bestens! Kein Geschrei, kein gar nichts. Letzten Sommer haben wir eine Hebamme kontaktiert, die sich auf Schreikinder spezialisiert hat, und sie meinte, er schreit so viel, weil es mir schlecht geht. Da ist in mir eine Welt zusammengebrochen. Sie sagte, ich sollte mir auch mal Zeit für mich selbst nehmen, aber das möchte ich gar nicht. Ich will so viel Zeit mit meinen Kindern verbringen wie möglich, aber eben eine schöne Zeit! Ich hoffe, Sie können mir irgendwie helfen.

Eine erschöpfte und ratlose Mutter

Antwort von Jesper Juul

Ich glaube, dass Ihre Hebamme in gewisser Hinsicht recht hat und einen guten Vorschlag gemacht hat. Vielleicht hilft es Ihnen, sich Folgendes klarzumachen:

Sie haben jetzt drei Jahre lang alles dafür getan, um die persönlichen Grenzen Ihres Sohnes kennenzulernen und damit entsprechend umzugehen. Jetzt ist es höchste Zeit, dass Sie Ihrem Sohn Folgendes sagen: »Ich habe das drei Jahre lang gemacht und glaube, das war auch notwendig. Allerdings habe ich völlig vergessen, dir zu sagen, dass ich auch meine eigenen Grenzen habe und dass ich deinen Respekt für meine Grenzen brauche. In Zukunft werde ich dir Bescheid geben, wenn du meine wichtigen Grenzen überschreitest, und dann können wir ein bisschen darum kämpfen.«

Persönliche Grenzen sollten auch möglichst persönlich artikuliert werden. Auf diese Weise übernehmen Sie Verantwortung für die Qualität der Beziehung zu Ihrem Sohn und sorgen für Gleichwürdigkeit, also Augenhöhe.

Wahlfreiheit und Entscheidungsfreiheit

Ich bin Vater zweier Mädchen (7 und 10 Jahre alt) und mit der Mutter der beiden seit elf Jahren verheiratet. Schon sehr früh haben wir festgestellt, dass unsere Älteste namens Lena einen ausgeprägten Charakter hat und Eigenschaften besitzt, die extrem anstrengend und nervenaufreibend sind. Bereits der Blick auf den Fotos, die wir am Tag nach ihrer Geburt von ihr gemacht haben, drückt Klarheit, Willen und Entschiedenheit aus.

Hier ein paar konkrete Beispiele ihrer Art zu leben, zu handeln und zu kommunizieren:

- *Sie trifft reife und durchdachte Entscheidungen von großer Tragweite mit enormer Instinktsicherheit und ohne jedwede emotionale Anteilnahme.*

- *Sie findet körperliche Nähe und erst recht Körperkontakt von klein auf unangenehm, ergreift aber auf der Straße, wenn wir nebeneinander hergehen, gerne meine Hand (was z. B. die jüngere Tochter nicht tut, obwohl diese ein richtiges Kuschelkind ist).*

- *Sie ist von klein auf in der Öffentlichkeit (z.B. in Kindergarten, Hort, Schule) sehr diszipliniert und kontrolliert – so sehr, dass sie dabei oft das innere Gleichgewicht verloren und dies dann zu Hause zu emotionaler »Entladung« geführt hat: Die kleinste Begebenheit kann dann zu einem halbstündigen Wutausbruch führen, sodass Nachbarn glaubten, dem Kind würde Gewalt angetan.*

- *Sie kommentiert schwerwiegende Ereignisse (z.B. Krankheit, Tod, Unglück) zuweilen vollkommen sachlich, wohingegen andere Kinder (z.B. ihre jüngere Schwester) sehr emotional reagieren.*

- *Sie gilt in der Schule als streng und kompromisslos, aber auch als unbeugsam, gerecht, gradlinig – und so hat ihr Wort Gewicht.*

- *Sie kennt gesellschaftliche Unterschiede nicht – oder will sie nicht kennen bzw. akzeptieren: Sie pflegt als Klassenbeste Beziehungen auch und gerade mit Schülerinnen, die sich schwertun. Es zählt allein die Authentizität des Gegenübers und sonst nichts; dafür hat sie ein sehr feines Gespür entwickelt.*

- *Sie achtet Menschen gering, die sich durch was auch immer (Geld, Konsum, Sucht) korrumpieren lassen. Jede Form der Beeinträchtigung persönlicher Freiheiten, bei sich oder bei anderen, ist ihr ein Gräuel.*

– *Aber: Wahlfreiheit ist ihr weniger wert als Entscheidungsfreiheit. In ihrer Wahlfreiheit kann sie sich einschränken, in ihrer Entscheidungsfreiheit dagegen nicht. Offensichtlich greift das Erstere ihre Autonomie weniger an als das Letztere.*

Ich hatte nie den geringsten Zweifel daran, dass mit Lena und mit unserer Familie alles in Ordnung ist, aber diese Überzeugung ist das eine – sich in einer konkreten Situation dem Kind gegenüber adäquat (Sie würden wohl sagen: gleichwürdig) zu verhalten, etwas anderes.

Das Verhalten von Lena ist für mich auch deshalb so auffällig, weil ich es mit dem Verhalten ihrer jüngeren Schwester vergleichen kann. Nie würde mich diese während des Abendessens, wegen irgendeiner Kleinigkeit oder einer Äußerung, die sie geärgert hat, wütend und bar jeder Selbstkontrolle attackieren.

Erst durch Ihre Veranstaltungen und Vortrage hat dieser Charakter einen Begriff erhalten: Autonomie. Und in der Tat, solange es nur ein Bauchgefühl war, dass es sich hier um ein Charakterphänomen handelt (vor allem nicht um eine Abnormität), hatte ich immer wieder Schwierigkeiten, meine Unbedenklichkeit zu begründen. Nun scheint die Begrifflichkeit dem Gefühl ein Fundament zu geben und ich kann das Phänomen anders vertreten – seitdem ist es etwas Großartiges, mit Lena zusammenleben zu dürfen. Nicht zuletzt deshalb, weil unsere Tochter über einen ungeheuren inneren Reichtum verfügt, einen Reichtum an überraschenden Einsichten und neuen Gedanken, Initiativen und Eindrücken, der ihr einen solchen inneren Halt gibt, dass sie offenbar mit schlafwandlerischer Sicherheit durchs Leben geht.

Der Grund meines heutigen Schreibens ist folgender: Lena wird in absehbarer Zeit in die Pubertät kommen. Ich kann jetzt noch nicht absehen, wie das werden wird, aber vielleicht können Sie mir ja ein paar Hinweise geben, worauf ich achten sollte, damit die Zeit so angenehm bleibt, wie sie es jetzt ist, und damit es den Eltern, der Schwester und dem autonomen Kind selbst auch in diesen Jahren gutgehen wird.

Herzliche Grüße von einem stolzen Vater

Antwort von Jesper Juul

Zunächst einmal möchte ich Ihren außergewöhnlich nuancierten Umgang mit der deutschen Sprache würdigen. Ich glaube zum Beispiel, dass Ihre Unterscheidung zwischen *Wahlfreiheit* und *Entscheidungsfreiheit* sehr, sehr wichtig und darüber hinaus ungeheuer wertvoll für viele Eltern autonomer Kinder ist.

Ihre konkrete Frage, wie sich wohl die Pubertät von Lena gestalten wird, ist natürlich spannend, weil es in der Pubertät ja vor allem darum geht, die eigene Autonomie zu entdecken. Manche Eltern glauben vermutlich, dass es sich bei allen Pubertierenden um autonome Kinder handelt, aber das ist nicht der Fall. Ich möchte Ihnen vorschlagen, Lena etwa Folgendes zu sagen:

»Ich habe deine gesamte Kindheit hindurch mit dir und von dir gelernt. Und ich glaube, so ist es auch für dich gewesen – auch du hast von unserer Beziehung gelernt.

Jetzt möchte ich aber gerne, dass du eine neue Rolle annimmst: die Rolle als meine Beraterin. Ich bin mir nämlich ziemlich sicher, dass ich dich in Zukunft oft fragen werde: Wieso sagst du das gerade? Warum reagierst du so? Ist das mein autonomes Kind oder ist das meine erwachsene Tochter? Ich glaube, du hast dafür ein besseres Gespür als ich.«

Ansonsten haben Sie natürlich recht, es geht immer um eine möglichst gleichwürdige Beziehung zu Ihrer Tochter. Was unter anderem heißt, dass Sie als Vater auch Ihre eigenen Grenzen, Begrenzungen und Bedürfnisse ernst nehmen müssen.

Autonome Kinder manifestieren sich oft als kleine Narzissten. Das bedeutet, dass sie nicht unbedingt an anderen Menschen interessiert sind. Umso wichtiger wird Ihre wechselseitige Beziehung in den nächsten Jahren sein, weil sie Lenas Möglichkeiten, Empathie zu entwickeln, maßgeblich beeinflussen wird.

Ein selbstbestimmtes Kind geht seinen Weg

Erst einmal zu meiner Person. Ich bin Mia, 17 Jahre alt, und habe kürzlich einen Ihrer Vorträge gehört. Er hat mir sehr gut gefallen, doch vor allem war ich erstaunt und überrascht zugleich, denn jetzt bin ich mir absolut sicher, dass ich ein »autonomes« Kind und stolz darauf bin.

Die Geschichte, die ich Ihnen erzählen möchte, beginnt damit, dass mir meine Mutter völlig entnervt mitteilte: »Du hörst ja nicht mal auf die Erzieherinnen im Kindergarten. Mach doch, was du willst, und lass mich in Ruhe!«

Ja, so etwas habe ich schon in meinen jungen Jahren gehört. Ich kann mich auch noch gut daran erinnern, dass mir das, was die Erzieherinnen sagten, nicht besonders sinnvoll erschien. Also habe ich auch nur das gemacht, was für mich einen Sinn ergab.

Ich habe eine sehr fröhliche und unbeschwerte Kindheit erlebt, hatte meistens ein Lächeln im Gesicht, heute teilweise auch noch. Ich habe sehr viel gemalt und gebastelt, was meine Eltern erstaunt hat, die sich fragten, von wem ich nur diese Begabung hätte.

Mir wurde oft gesagt, dass ich eine lebhafte Fantasie hätte. In meiner Kindheit habe ich liebend gern mit anderen Kindern gespielt, egal, welche Macken sie hatten. Oder ich bin zu meiner eigenen Unterhaltung meinen drei größeren Geschwistern auf die Nerven gegangen.

Schon früh habe ich festgestellt, dass ich sehr selbstständig war. Mit 15 sagte ich zu meinen Eltern, dass ich sie eigentlich gar nicht bräuchte und meiner Meinung nach sehr gut auf mich selbst aufpassen könne. Aus einer Laune heraus fing ich sogar damit an, meine Eltern zu »erziehen«. Ich habe den Spieß einfach umgedreht. Wenn ich heute daran zurückdenke, muss ich darüber lachen.

Damals habe ich mir auch allein mein erstes Praktikum besorgt und nach der zehnten Klasse einen Ausbildungsvertrag unterschrieben. Ich möchte noch einmal betonen, dass ich mir diesen Weg selbst ausgesucht habe. Das Einzige, was meine Eltern dazu beigesteuert haben, war, dass sie am Ende den Vertrag unterschrieben haben. Mehr mussten sie nicht machen.

Bei meinen Geschwistern war das anders. Sie wussten damals noch nicht, was sie einmal werden wollten, und so hat meine Mutter ihre Bewerbungen geschrieben. Inzwischen bin ich von zu Hause ausgezogen.

Obwohl ich spüre, dass meine Eltern stolz auf mich sind, haben wir so viele Kämpfe ausgetragen. Immer wollten meine Eltern die Macht über alles haben, und ich habe, wenn es mir wichtig war, dagegen angekämpft. Meine beiden Brüder und meine Schwester waren dagegen immer in der Defensive.

In meiner Familie gab es stets viel Kritik zu hören. Ich konnte das irgendwann nicht mehr aushalten. Ich weiß, dass es meiner Mama nicht so gut geht, und mein Verhältnis zu ihr hat sich, seitdem ich ausgezogen bin, deutlich verbessert. Ich verstehe sie voll und ganz, doch leider hat sie ein viel zu geringes Selbstwertgefühl, das ich zurzeit aufzubauen versuche.

Ich möchte nicht in allen Einzelheiten erzählen, was früher vorgefallen ist, will Ihnen aber nicht vorenthalten, dass ich einmal von meiner Mama misshandelt wurde, als wir in Streit gerieten, weil ich meine Ausbildungsstelle noch mal wechseln wollte. Aber zum Glück hat sich jetzt alles zum Guten gewendet. Ich bedanke mich hiermit für Ihr tolles Engagement als Familientherapeut, Herr Juul.

Antwort von Jesper Juul

Haben Sie vielen Dank für Ihre nuancierte Selbstbeschreibung, über die ich mir viele Gedanken gemacht habe.

Zunächst freue ich mich sehr, dass Sie aus Ihrem Elternhaus ausgezogen sind. Das verschafft Ihnen die Möglichkeit, den wichtigen Unterschied zwischen *Alleinsein* und *Einsamkeit* zu entdecken und zu erforschen.

Sie werden bestimmt erleben, dass viele Freundinnen und Freunde versuchen werden, Sie vor der Einsamkeit zu bewahren. Denn leider gibt es zahlreiche Menschen, die sich vor Einsamkeit fürchten – manchmal so sehr, dass sie sogar bereit sind, ihre persönliche Integrität zu opfern, um ihre Einsamkeit nicht spüren zu müssen.

Sie selbst wissen allzu gut, dass dies für Sie – glücklicherweise! – keine Option ist.

Manche werden sich fragen, warum es in Beziehungen schlecht ist, Ja zu sagen, wenn man Nein meint. Denn man sollte doch glauben, das Ja sorge für Harmonie.

Meine Antwort darauf ist folgende: Es ist vollkommen in Ordnung, Kompromisse einzugehen – in Bezug auf Ferienorte, die Farbe der Wände oder den Film, den man sich zusammen ansehen möchte. Doch es ist gefährlich, die eigene Integrität zu opfern, denn da geht es ja um *Ihre* Werte, *Ihre* Grenzen und *Ihre* wichtigen persönlichen Bedürfnisse.

Wer ständig die eigene Integrität verletzt, muss immer einen Preis dafür zahlen, und so sollte man auch Beziehungen nicht darauf gründen, etwas zu opfern, sondern sich durch sie bereichern lassen. Wenn wir sehr verliebt sind, tun wir das gerne, aber auf lange Sicht werden wir frustriert und wütend, weil wir erwarten, dass die andere Person dasselbe tut.

Ich beglückwünsche Sie zu Ihrer Entscheidung, Ihre eigenen Wege zu gehen, und wünsche Ihnen viel Glück und alles Gute dabei.

Wenn die eigene Tochter den Eltern Rätsel aufgibt

Ich schreibe Ihnen wegen meiner Tochter Laura, die 15 Monate alt ist. Laura ist ein liebes und sehr aufgewecktes Kind. Seit ihrer Geburt hören wir immer wieder, wie wach ihr Blick ist, und bei den U-Untersuchungen wird ihr eine weit entwickelte Motorik attestiert. Seit Kurzem geht sie in die Kita, und auch da ist ihre Motorik schon positiv aufgefallen. Sie hält u.a. einen Stift richtig (im Drei-Punkt-Griff).

Aber Laura bekommt täglich auch starke Wutanfälle. Besonders dann, wenn sie etwas möchte und es nicht bekommt, ihr irgendwas nicht gelingt oder wir nicht verstehen, was sie will. Denn was sie will, weiß sie genau und versucht es auch durchzusetzen.

Jetzt hat sie beschlossen, kein Lätzchen mehr zu tragen. Im Urlaub hat sie deswegen den ganzen Speisesaal zusammengeschrien, hat dabei auf andere, wesentlich ältere Kinder gezeigt und »Nein!« gebrüllt. Nach drei schrecklichen Abenden haben wir das Lätzchen weggelassen, und alles war in Ordnung.

Zu unserem Erstaunen hat sie beim Essen kaum gekleckert. Außerdem hat sie ihren Teller wütend vom Tisch gefegt, wenn wir den gefüllt haben. Erst als sie sich ihr Essen am Büfett selbst zusammenstellen durfte, war sie zufrieden.

Des Weiteren darf man sie nicht an der Hand nehmen, wenn man draußen spazieren geht, und muss sie bei den Hausarbeiten – Geschirrspüler ausräumen, Wäsche waschen – mithelfen lassen. Sie zieht sich ihre Schuhe allein an und schließt den Klettverschluss richtig. Sie spricht Wörter fehlerfrei nach und spricht auch schon einzelne Wörter allein. Uns fällt dieses Verhalten sehr auf, und wir werden auch oft von fremden Personen oder Freunden darauf angesprochen. Aus Spaß habe ich immer gesagt, dass Laura sich schon für ein Vorschulkind hält.

Nun habe ich bei einem Ihrer Vorträge zufällig etwas über selbstbestimmte Kinder gehört und meine Tochter darin wiedererkannt. Und natürlich frage ich mich jetzt, ob meine Tochter eines dieser selbstbestimmten Kinder ist. Und wenn ja, wie gehe ich damit um?

Es wäre sehr nett, wenn Sie mir auf meine Mail antworten würden. Mein Mann und ich sind schon ziemlich verzweifelt und fragen uns, ob wir alles richtig machen.

Eine hilfsbedürftige Mutter

Antwort von Jesper Juul

Nachdem ich Ihre Beschreibung gelesen habe, bin ich mir nicht so sicher, ob Ihre Tochter ein selbstbestimmtes Kind ist – obgleich sie sich weder manipulieren noch unmittelbar überzeugen lässt.

So oder so möchte ich Ihnen vorschlagen, Laura zu einem Dialog einzuladen und zunächst etwa Folgendes zu ihr zu sagen:

»Ich finde es schwierig, dass du immer zu wissen glaubst, was du brauchst und was du nicht brauchst. Ich habe schließlich meine eigenen Meinungen und Erfahrungen. Aber ich will wegen solcher Dinge auch nicht ständig einen Machtkampf mit dir austragen. Deshalb möchte ich es in Zukunft gerne so machen: Wenn du meinst, dass du irgendetwas nicht brauchst – wie damals das Lätzchen –, dann probieren wir erst einmal deine Lösung aus, und wenn es nicht funktioniert, dann versuchen wir meine Lösung. Was hältst du davon?«

Auf diese Weise geben Sie Ihrer Tochter das Gefühl, sie und ihre Bedürfnisse ernst zu nehmen. Zugleich räumen Sie sich selbst die Möglichkeit ein, Ihre eigenen Ideen umzusetzen, wenn Sie es für nötig halten.

»Mama, ich sag aber nix!«

Ich bin eine alleinerziehende Mutter und finde es manchmal enorm anstrengend, mit meiner dreijährigen Tochter Sophia umzugehen. Aber sie überrascht und berührt mich auch jeden Tag aufs Neue mit ihrer Art, die Welt zu sehen und kennenzulernen.

Was sie toll findet, macht sie sofort nach. Was sie schwierig findet, übt sie so lange, bis sie es kann. Was sie selber kann, tut sie auch selbst und entscheidet über die Art und Weise. Was sie interessant findet, beobachtet sie lange und intensiv, ohne sich von irgendetwas ablenken zu lassen.

Mit Menschen, die sie nicht mag, redet sie nicht. Manchmal kündigt sie mir das vorher mit den Worten an: »Mama, ich sag aber nix.« Manche Leute vermuten daraufhin: »Sie spricht wohl noch nicht viel?«, worüber ich jedes Mal schmunzeln muss, denn sie spricht sehr gerne und viel, aber eben nur dann, wenn sie will. Auch Menschen, die sie noch nicht gut kennt, haben frühestens nach zwei Stunden eine Chance.

Wenn sie etwas nicht will, das ich von ihr verlange, kann sie sehr wütend werden. Ihre Wutanfälle dauern manchmal bis zu einer Stunde. Inzwischen kann ich ganz gut damit umgehen, weil ich verstanden habe, dass sie nicht traurig, sondern sehr, sehr wütend ist. Irgendwann dreht sie sich dann einfach um, und der Wutanfall ist vorbei. Wenn ich hinterher mit ihr darüber rede, erklärt sie mir mit ruhiger Stimme: »Mama, ich bin wütend gewesen, weil …«

Manchmal bin ich fix und fertig. Und dann wieder hellauf begeistert von ihr und enorm dankbar, dass ich so ein Kind an meiner Seite habe. Ich habe das Gefühl, in meinem gesamten Leben nicht so viel gelernt zu haben wie in den letzten drei Jahren. Wenn Sie mir weitere Informationen zu selbstbestimmten Kindern geben könnten, wäre ich Ihnen sehr dankbar.

Eine erschöpfte und stolze Mutter

Antwort von Jesper Juul

Vieles spricht dafür, dass Ihre Sophia ein selbstbestimmtes Kind ist. Das bedeutet, dass Menschen, die ihr anfangs fremd sind – beispielsweise Erzieherinnen –, auf Ihre Hilfe und Erfahrung als Mutter angewiesen sind. Zu diesen könnten Sie in etwa Folgendes sagen:

»Ich verstehe sehr gut, dass Sie das Verhalten meiner Tochter schwierig und provozierend finden. So war es auch für mich am Anfang. Wenn Sie Interesse haben, kann ich Ihnen gerne von meinen Erfahrungen berichten.«

Bleibt zu hoffen, dass mindestens einer dieser Erwachsenen Ihr konstruktives Angebot annimmt. Sie können ruhig über Ihre Erfahrungen sprechen, wenn Sophia dabei ist, und beispielsweise sagen:

»Sie müssen wissen, dass meine Tochter nicht weiß, wie man folgsam ist. Das kann man von den meisten anderen Kindern bis zu einem gewissen Grad erwarten, aber von Sophia nicht. Was jedoch nicht heißt, dass sie nicht mitmachen will oder nicht kooperativ wäre, doch sie muss selbst über den Zeitpunkt entscheiden dürfen.«

Machen Sie der anderen Person klar, dass Ihre Tochter genug Zeit und Vertrauen braucht, um sich fremden Menschen gegenüber zu öffnen. Fällt diese Erklärung auf fruchtbaren Boden, wird die Erzieherin (nehmen wir einmal an, dass es sich um eine solche handelt) Sophia demnächst vielleicht folgendermaßen ansprechen:

»Ich sag dir jetzt, was ich von dir will, Sophia, und du kannst in Ruhe darüber nachdenken. Wenn du bereit bist, sag mir einfach Bescheid. Ich habe auch ein bisschen Zeit gebraucht, um zu verstehen, wie ich mit dir umgehen soll. Und inzwischen weiß ich, dass es für dich wichtig ist, deine eigenen Entscheidungen zu treffen.«

Straffe Führung oder Nachgiebigkeit?

Ich möchte mich mit meiner Geschichte an Sie wenden, weil ich keine Ahnung mehr habe, wie ich mich verhalten soll.

Morgens beim Frühstück schmiere ich meinem 5-jährigen Sohn Moritz vorab ein Marmeladenbrot, damit er gleich loslegen kann, wenn er an den Tisch kommt. Daraufhin rastet er aus, ich solle es erst schmieren, wenn er da ist.

Gestern habe ich ihn vom Kindergarten abgeholt, da hat er mich erst mal angebrüllt, dass ich ihn falsch begrüßt habe. Ich habe ihn mit geöffneten Armen aufgefangen, er hätte aber gewollt, dass ich ihn unter den Armen nehme und mich mit ihm im Kreis drehe. Ich habe um einen anderen Ton gebeten und ihm erklärt, dass ich ja nicht wissen könne, wie er begrüßt werden wolle.

Dann haut er aus Übermut einer anderen Mutter auf den Hintern. Ich sage ihm, dass man so etwas nicht macht, und fordere ihn auf, sich zu entschuldigen. Da tut er so, als geniere er sich, und entschuldigt sich natürlich nicht. Zu Hause angekommen, wollte er gleich wissen, was in den Kochtöpfen ist. Als mein Mann es ihm zeigt, sagt er nur: »Schlechtes Essen!« Mein Mann versucht ihm zu erklären, dass er sich Mühe gegeben hat und gern für uns kocht.

Ich habe das Gefühl, es geht Moritz ums Meckern und Zurechtweisen um jeden Preis, und ich weiß nicht, wie ich mich dem gegenüber verhalten soll.

Beim Essen zu Hause zieht er immer noch die Finger dem Besteck vor. Lange Zeit hat mir das nichts ausgemacht; ich dachte, das gibt sich, zumal er in der Öffentlichkeit ordentlich isst. Ich habe alles Mögliche versucht, u.a. ein Belohnungssystem für gute Tischmanieren eingeführt, doch letztlich hat das alles nichts gebracht. Vielleicht habe ich auch selbst nicht lange genug durchgehalten.

Moritz ist sehr wissbegierig, wir erklären ihm auch alles, soweit er es aufnehmen will und kann. Es gab Zeiten, da hat er mich Dinge gefragt, die ich nicht beantworten konnte. Da hat er mich in einem Herrscherton angebrüllt, ich müsse das doch wissen.

Einerseits ist mir natürlich bewusst, dass er erst 5 Jahre alt ist. Andererseits muss ich mir eingestehen, dass er schon mit zwei Jahren so war; mein Mann meint sogar, von Geburt an. Und jetzt frage ich mich, warum mein Sohn ständig Unfrieden schafft und wie das nur weitergehen soll.

Natürlich gibt es auch gute Tage, an denen ich fast vergesse, wie sehr mich mein Kind sonst zur Weißglut bringt. Aber die sind rar!

Mein Mann meint, Moritz gehöre ganz straff geführt, dann würde es vielleicht funktionieren. Er soll sich seinen Teller selbst holen, damit es der richtige ist, und sich die Dinge aus dem Kühlschrank nehmen, die er zum Frühstück oder zum Abend-

essen braucht. Damit geht es Moritz scheinbar besser, aber ich finde das sehr »unfamiliär«.

Habe ich ein autonomes Kind oder mache ich einfach ein paar grundlegende Dinge falsch? Können Sie mir einen Ratschlag geben, wie ich mich verhalten soll?

Eine Mutter, die sich keinen Rat weiß

Antwort von Jesper Juul

Ich bin mir nicht sicher, ob Ihr Sohn ein autonomes Kind ist. Ich glaube, dass er eine andere Art von Führung braucht, vor allem viel mehr Dialog, womit ich weder Verhandlungen noch Diskussionen meine. Vielmehr sollten Sie darüber sprechen, was *er* will und was *Sie* wollen, und auf dieser Grundlage können Sie dann eine Entscheidung treffen, wie Sie sich in dem einen oder anderen Fall verhalten.

Die Strategie Ihres Mannes, dass sich Moritz seinen Teller selbst holen und Lebensmittel aus dem Kühlschrank nehmen kann, finde ich ausgezeichnet und nicht »unfamiliär«. Das heißt ja nicht, dass er von nun an alles selbst entscheiden soll oder muss, sondern nur, dass er auf seine eigene kleine Welt so viel Einfluss wie möglich hat.

Meiner Meinung nach ist eine Familie eine Gemeinschaft, in der alle Mitglieder sagen

können, was sie wollen, und am Ende entscheiden die Erwachsenen, was möglich ist und was nicht.

Ich möchte in diesem Zusammenhang noch etwas Allgemeines über die Führung in Familien sagen: Kinder wollen und brauchen Erwachsene, die die Führung übernehmen. Das zeigt mir meine Erfahrung mit Familien unterschiedlichster Art. Dort, wo es keine ausreichende Führung gibt, ist es um die Familie im Allgemeinen und um die Entwicklung der Kinder im Besonderen schlecht bestellt. Was vermutlich daran liegt, dass Kinder zwar ihre Gelüste und Wünsche kennen, sich ihrer grundlegenden Bedürfnisse jedoch nicht bewusst sind. Um diese Kompetenz zu entwickeln, brauchen sie die Führung von Erwachsenen.

Als Eltern müssen wir uns vergegenwärtigen, dass Erziehung und Führung zwei unterschiedliche Dinge sind, obwohl sie oft in einen Topf geworfen werden. Wie jedes Boot seinen Kapitän braucht, braucht auch die Familie jemanden, der navigiert, damit sie keinen Schiffbruch erleidet. Ich vergleiche Eltern auch gern mit Leuchttürmen, die klare Signale aussenden, damit sich die Kinder daran orientieren können.

Wenn Erwachsene nicht in der Lage sind, konstruktiv zu führen, zeigt sich das meist in einer Reihe von Alltagskonflikten, die sich an Themen wie dem Aufstehen und Zubettgehen oder den Tischmanieren entzünden. Dass so viele Eltern und Kinder damit zu kämpfen haben, ist für mich ein klares Zeichen mangelnder Führung. Es beginnt damit, dass Kinder zuweilen wie Gegenstände behandelt werden, die zu funktionieren haben. Dass sie sich als Objekte in einer Subjekt-Objekt-Beziehung fühlen. Mittlerweile wissen wir sehr genau, dass Subjekt-Subjekt-Beziehungen für alle Beteiligten konstruktiver sind und fruchtbare Beziehungen in Form von Gleichwürdigkeit schaffen.

Meiner Meinung nach sollte die von den Erwachsenen ausgeübte Führung fürsorglich, dialogbasiert, empathisch, flexibel und proaktiv sein.

Mit *proaktiv* meine ich, dass Erwachsene in der Lage sein sollten, in Übereinstimmung mit ihren eigenen Werten und Zielen zu handeln, statt nur auf das Verhalten ihres Kindes zu reagieren. *Flexibel* bin ich, wenn ich Veränderungen bei mir und meinem Kind wahrnehme, anstatt ständig »konsequent« sein zu müssen. *Empathisch* bin ich, wenn ich einen anderen Menschen bewusst wahrnehme und mich auf seine Individualität einstelle. *Fürsorglich* und *im Dialog* bin ich, wenn ich die Bedürfnisse, Ideen und Gefühle des Kindes ernst nehmen und berücksichtigen kann, auch wenn sie meinen eigenen zuwiderlaufen.

Gleichwürdige Führung in der Familie bedeutet, dass die Erwachsenen das Bedürfnis des Einzelnen – ganz gleich, ob groß oder klein – mit dem der Gemeinschaft ins Gleichgewicht bringen.

Die traditionelle Idee von Führung gründet auf der rollenbasierten Autorität: Ich bin der Vater oder dein Lehrer, deshalb habe ich das Recht, dir zu sagen, was du zu tun hast. Die neue Form der Führung beruht auf persönlicher Autorität, und diese erfordert Selbstgefühl, Selbsterkenntnis, Selbstachtung, Selbstvertrauen sowie die Fähigkeit und Bereitschaft, die eigenen Werte und Grenzen zu wahren und dies auch zu kommunizieren.

Sie haben in Ihrem Brief gegen Ende gefragt, warum Ihr Sohn »ständig Unfrieden« schafft. Ich glaube, er schafft keinen Unfrieden, sondern reagiert einfach auf das, was er angeboten bekommt.

Ich hoffe, dass die Führungsalternativen, die ich hier skizziert habe, für Sie und andere Eltern hilfreich sein können. In jedem Fall wünsche ich Ihnen gutes Gelingen!

Sind selbstbestimmte Kinder besonders begabt?

In einem Ihrer Vorträge haben Sie über Kinder gesprochen, deren Drang zur Selbstbestimmung besonders ausgeprägt ist.

Dies gilt auch für meinen vierjährigen Sohn Benjamin. Am meisten hat mir immer meine Hilflosigkeit zu schaffen gemacht, wenn er sich nicht trösten ließ. Seitdem ich ihn frage, ob ich ihn trösten darf, und seine Antwort akzeptiere, komme ich besser damit klar. Irgendwann kommt er meistens von allein, wenn ich ihm erst mal ein wenig Zeit gegeben habe.

Auch sein Zorn, wenn er etwas nicht so gut kann, wie er gern möchte, macht mir zu schaffen. Er kann schon sehr viel. Aber wenn man ihn für etwas lobt, das noch nicht seinen »Qualitätsanforderungen« entspricht, wird er sehr ungehalten. Es ist für die gesamte Familie nicht einfach, damit umzugehen. Insbesondere sein großer Bruder, der am liebsten den ganzen Tag mit dem Kleinen kuscheln würde, hätte wohl auch gerne ein paar Tipps, wie er mit seinem Bruder am besten umgehen soll.

Dann hätte ich noch eine konkrete Frage zum Thema der

selbstbestimmten Kinder: Haben Sie Kenntnis davon, dass besonders selbstbestimmte Kinder auch besondere Begabungen haben? Bei Benjamin fällt uns sein ausgeprägtes räumliches Vorstellungvermögen auf. Mit seinen 4 Jahren hat er heute fast selbstständig ein Legoauto für 7- bis 11-Jährige zusammengebaut. Er setzt die Steine zusammen, die auf der linken Seite der Anleitung beschrieben sind, betrachtet dabei aber schon die weiteren Schritte auf der rechten Seite der Anleitung und hat die erforderlichen Teile binnen kürzester Zeit aus einem Wust von Teilen zusammengesucht. Bilderrätsel löst er manchmal schneller als ich und mein Mann.

Haben Sie vielleicht einen Rat, wie wir damit umgehen sollen? Welches Spiel oder Rätsel wäre sinnvoll für ihn? Sollen wir seine Begabung gezielt fördern?

Eine neugierige Mutter

Antwort von Jesper Juul

Ich finde Ihre Beobachtung, dass Benjamin seine eigenen Qualitätsanforderungen hat, ganz ausgezeichnet. In Zukunft können Sie ihn ja fragen, warum er sich ärgert oder ob er Ihre Meinung dazu hören will. Auf diese Weise bauen Eltern sinnvolle Beziehungen zu ihren Kindern auf. **Man muss ihnen immer wieder signalisieren, dass man an ihnen interessiert ist, aber nicht alles versteht und deshalb fragen muss.**

Mit Benjamins älterem Bruder können Sie ruhig Ihre eigenen Erfahrungen teilen. Was habe ich probiert, was ist gelungen und was nicht? Er kopiert ja das Verhalten seiner Eltern und hat viel gelernt, wenn Sie ihn gelobt oder ihm positives Feedback gegeben haben. Jetzt muss er auch lernen, dass sein kleiner Bruder anders ist als er. Für ihn ist das ein wertvolles Geschenk, weil er dadurch lernen kann, dass Menschen sehr verschieden sind.

Ihre Frage, ob besonders selbstbestimmte Kinder auch besondere Begabungen haben, kann ich so nicht beantworten. Ich habe des Öfteren Eltern kennengelernt, die ihre selbstbestimmten Kinder für hochbegabt hielten, doch in der Regel war dies nicht der Fall.

Ich wünsche Ihnen und Ihrer Familie alles Gute.

Das Leben in einer selbstbestimmten Familie

Als zweifache Großmutter, Seelsorgerin und Beraterin lese ich Ihre Bücher und Gedanken beruflich, aber auch mit pochendem Herzen. Manches davon hätte mir geholfen, wenn es mir 30 Jahre früher zugänglich gewesen wäre. Schade. Aber ich musste ja auch erst mal wachsen und reifen und kapieren, was mit mir los ist.

In einem Ihrer Vorträge war auch von sogenannten »autonomen Kindern« die Rede, was mich nachhaltig beschäftigt hat. Denn ich habe nicht nur ein autonomes Kind, sondern auch ein ebensolches Enkelkind, und in der herzlichen Nähe zu ihm begreife ich noch einmal mehr, was das für ein Glück und Elend zugleich ist.

Seine Mama, unsere Tochter, war von Geburt an so und wusste stets, was gut für sie ist. Doch die anderen Mütter mit ihren strengen Erziehungsmethoden hielten mir oft vor, ich sei zu weich und zu nachgiebig. Der scheußlichste Vorwurf war: Du guckst zu viel in dein Kind hinein, statt ihm Grenzen zu setzen.

Zum Glück hatten wir einen verständnisvollen Kinderarzt, der uns sagte: »Dieses Mädchen ist ein besonderes Kind. Sie wird es nie leicht haben, sie wird mit dem Kopf durch die Wand gehen, aber sie wird immer ihren Weg machen.« Dieser Arzt lehrte uns, dieses vermeintlich schwierige Kind zu achten und zu fördern (was uns nicht in allem gelungen ist, weil sie nicht »gefördert« werden wollte).

Mit 2 Jahren und 3 Monaten sagte sie eines Tages: »Brauche keine Windel mehr.« Und so war es.

Für mich war das ein Symbol ihrer inneren Stärke. Sie »sprang oft weit« mit ihrem Mut und ihren Plänen und musste dann feststellen, dass es noch zu weit war. Aber man konnte sie nie davor bewahren, denn es gab immer gleich ein nächstes Mal.

Ich will nicht verschweigen, dass die Pubertät für uns alle eine Qual war. Unsere Tochter hat mit allem experimentiert und sich auch massiv in Gefahr gebracht. Wir waren ratlos, hilflos, die gängigen Methoden halfen ja nicht; unser Haus war voller Streit, Geschrei und Hass. Es kam sogar zu gewaltsamen Auseinandersetzungen. Allerdings war sie immer dann zu Hause, wann sie es angekündigt hatte – und das absolut zuverlässig. Man konnte die Uhr danach stellen! Das habe ich immer unglaublich gefunden und ihr auch gesagt, wie sehr ich das schätze.

Alles andere wurde erst ein wenig besser, als uns ein systemischer Familientherapeut aufzeigte, dass das Kind nun mal so ist, wie es ist, und in seiner Hellsichtigkeit auf Unstimmiges oder Beängstigendes in der Familie reagiert. Das wollte mein Mann, der an einer schweren chronischen Krankheit leidet, leider nie so sehen. Doch ich schon; deshalb hat sich auch mein Verhält-

nis zu meiner Tochter sehr verändert. Ich habe damals wieder angefangen, sie lieb zu haben. Die letzte wirksame Änderung meines Verhaltens bestand darin, dass ich ihr liebevoll, unter Tränen und doch klar gesagt habe, dass sie im Anschluss an ihr Auslandsstudienjahr nicht mehr im Elternhaus leben kann, weil es ihr nicht guttun würde, hier wieder zu regredieren und ihre Symptome auszuagieren, statt sie anzugehen. Das war hart, doch es war der Anfang einer neuen Liebe zueinander und der Anfang ihres wirklichen Heilungsweges, den sie selbstständig beschritten hat.

Muss ich betonen, dass auch mein Mann ein »autonomes Kind« war und bis heute massiv um seine Selbstständigkeit kämpft, obwohl er längst ein Pflegefall geworden ist? Er hätte seine Kindheit und die medizinischen »Fachleute« nicht überlebt, wenn er es nicht gewesen wäre. Und ich selbst bin sicher ähnlich veranlagt. Man hat diese Veranlagung regelrecht aus mir »herausprügeln« wollen, als Kind und junger Mensch war ich ständigen Strafen ausgesetzt. Schon im Kindergarten wollte die Erzieherin mir »die Zunge abschneiden«, wenn ich sie noch einmal rausstrecken würde, und ich erinnere mich an das Triumphgefühl, als ich sie noch einmal rausstreckte und sie die Schere in der Hand hatte und nichts tat. Da wusste ich, dass ich gewonnen hatte, und hab die Zunge gleich noch einmal rausgestreckt. Damals war ich vielleicht 5 Jahre alt und habe neben meinem Triumph auch schon eine tiefe Trauer empfunden. Denn wie kann man ein Kind nur in eine solch schreckliche Situation bringen?

Die Jahrzehnte des Suchens und des Wachsens, von Therapie und Heilung sind selbstverständlicher Teil meiner Entwicklung sowie der Entwicklung unserer Tochter. Sie hatte zwischenzeitlich massive Ängste, die Tendenz zu selbstverletzendem Verhalten und eine ausgeprägte Bulimie. All das hat sie überwunden, obgleich eine gewisse Gefährdung geblieben ist. Meine größte Freude ist es heute, sie mir ihrem 18 Monate alten Sohn zu erleben, für den sie eine wunderbare Mutter ist.

Was mich auch über mein schlechtes Gewissen hinwegtröstet, keine vorbildliche Mutter gewesen zu sein. Im Nachhinein kann ich meine beiden Kinder nur von Herzen um Verzeihung bitten, weil ich selbst noch nicht genug »zu geben« hatte und wir uns als Elternpaar auch sehr uneins waren.

Ja, und nun ist da dieser nächste Sonnenschein, der auch von Geburt an seinen eigenen Kopf hat. Wir beide, Oma und Enkel, verstehen uns blendend und oft ohne Worte.

Es scheint mir wichtig, den Unterschied zwischen den sogenannten »kleinen Tyrannen« und den »autonomen Kindern« herauszuarbeiten. Letztere sind eigensinnig, stur und dickköpfig – aber tyrannisch sind sie nicht. Sie verfügen hingegen über einen enormen Einfallsreichtum und eine ausgeprägte Sozialkompetenz.

Ich vermute, dass viele Elternpaare, die so ein Kind haben, dringend Hilfe und Unterstützung benötigen. Wir jedenfalls haben uns oft sehr alleingelassen gefühlt, weil auch die Modelle der sicher oft hilfreichen Erziehungsberatung nicht auf solche Kinder zugeschnitten sind. Und so blieben wir meist mit dem bedrückenden Gefühl zurück, wohl alles falsch zu machen.

Eine Großmutter, die sich beschenkt fühlt

Antwort von Jesper Juul

Ich habe mit großer Freude gelesen, was Sie über sich und die Mitglieder Ihrer besonderen Familie schreiben, in der es so viele autonome oder selbstbestimmte Kinder und Erwachsene gibt. Die meisten von ihnen haben ihr Schicksal bravourös gemeistert und sich »learning by doing« und Schritt für Schritt auf einen konstruktiven Weg begeben. Ich möchte Ihren Brief daher weitgehend unkommentiert stehen lassen – als Ermutigung und Inspiration für alle Eltern, die sich in einer ähnlichen Situation befinden. Möge er dazu beitragen, dass sie sich mit ihren schwierigen Erfahrungen nicht mehr so alleingelassen fühlen wie Sie.

Woher kommt die Aggressivität meines Kindes?

Es geht um meinen Sohn, der 27 Monate alt ist und eine 8 Monate alte Schwester hat. Er beißt und haut und ist im Allgemeinen sehr aggressiv, nicht nur uns, sondern auch anderen Kindern gegenüber.

Ich weiß nicht, wie ich mich richtig verhalten soll. Manchmal beißt er bei seiner Schwester so fest zu, dass sie blutet. Bekommt so heftige Trotzanfälle, dass er, solange sie anhalten, kaum ansprechbar ist.

Kann man das noch als normales, altersgerechtes Verhalten betrachten? Und wenn ja, wie begleite ich ihn am besten?

Eine verunsicherte Mutter

Antwort von Jesper Juul

Bevor ich etwas weiter aushole, möchte ich darauf hinweisen, dass Ihr 27 Monate alter Sohn seine Gefühle vollkommen angemessen ausdrückt. Wahrscheinlich ist er aggressiv, weil er so viel ausdrücken will, was ihm durch den Kopf geht, es aber nicht mit Worten sagen kann. Da die feinen Muskeln seiner Stimmbänder noch nicht ausgereift sind, benutzt er die größeren Muskeln und beißt und haut. Sie brauchen deswegen keine Befürchtungen zu haben, das ist nicht außergewöhnlich.

Mancher Leser Ihrer Beschreibung könnte auf die Idee kommen, der Kleine brauche Grenzen! **Wir erfahren unsere eigenen Grenzen nur dann, wenn andere sie übertreten. Und es braucht Zeit, die eigenen Grenzen kennenzulernen.** Manche unserer eigenen Grenzen spüren wir instinktiv, bei anderen kann es Jahre dauern, bis wir sie bemerken und dafür Sorge tragen können, dass andere sie respektieren.

Abhängig von der Kultur, in der wir uns befinden, halten wir zu fremden oder uns wenig bekannten Menschen den üblichen Abstand. Diese Distanz wahren wir, um unser Gegenüber nicht zu verletzen und die sozialen Regeln einzuhalten. In Liebesbeziehungen wie in der Familie geht es hingegen nicht um Distanz, sondern um Nähe. Der Drang, dem anderen sehr nah zu sein, scheint grenzenlos, obwohl auch Kinder Pausen und Abstand brauchen.

Kleine Kinder kennen die Grenzen ihrer Eltern – und ihrer Geschwister – noch nicht. Sie lernen deren Grenzen erst kennen, indem sie über viele Jahre hinweg mit den Grenzen der anderen kollidieren. So lernt Ihr Sohn, dass er seine kleine Schwester nicht beißen soll, weil sie vor Schmerz schreit und weil seine Mutter ihm zu verstehen gibt, dass er damit aufhören soll.

Dabei ist es wichtig zu wissen, dass Ihr Sohn das nicht tut, um seiner Schwester zu schaden oder um sie zu ärgern. Er ist nur dabei, ihre Grenzen kennenzulernen. Aber weh tut es trotzdem!

Je besser wir unsere Grenzen kennenlernen und je deutlicher wir sie in einer persönlichen Sprache zum Ausdruck bringen – »Das tut mir weh, hör auf!« –, desto enger und erfüllender sind die Beziehungen zwischen den einzelnen Familienmitgliedern. Im Beziehungsgeflecht zwischen Eltern und Kindern ist die Liebe so wichtig und groß und gleichzeitig so verletzlich, dass beide – Eltern wie Kinder – ständig Gefahr laufen, sich gegenseitig wehzutun.

Die unumgänglichen Schuldgefühle lassen sich eindämmen, indem die Erwachsenen die Verantwortung für die Qualität der Beziehung übernehmen, den Ton setzen und ihre Führungsrolle konstruktiv ausüben.

Wenn ein zweites Kind in die Familie kommt, erleidet das Erstgeborene einen schmerzhaften Verlust. Wir Erwachsenen nehmen dies oft gar nicht wahr, weil wir stillschweigend voraussetzen, dass das ältere Kind sein neues Geschwisterchen genauso liebt wie wir.

In Wahrheit verliert es jedoch die Hälfte all dessen, was es bisher von Papa und Mama bekommen hat. Gefühlt verliert es noch mehr – vielleicht ist es mit einem Jahr abgestillt worden und muss nun erleben, dass sein Geschwisterchen x-mal am Tag vor seinen Augen die Brust seiner Mama bekommt und diese ganz für sich allein hat. Es wird also unwillkürlich von dem Gefühl durchdrungen, nicht mehr die Nummer eins, sondern nur noch die Nummer zwei zu sein.

Für Ihren 27 Monate alten Sohn bedeutet das, dass er plötzlich mit seiner kleinen Schwester um die elterliche Zuwendung konkurriert und sein Selbstbild dieser neuen Situation erst anpassen muss. Damit ihm das gelingt, braucht er Ihre Anleitung und Führung. Bringen Sie Ihre Überzeugung zum Ausdruck, dass er das schaffen wird, und helfen Sie ihm, wenn er seine Frustration durch Beißen und Hauen ausdrückt, indem Sie ihn nicht abwerten, aber klar sagen, was Sie wollen und was nicht. Und indem Sie signalisieren, dass seine kleine Schwester ein willkommenes neues Mitglied in Ihrer Familie ist.

Wie Eltern voneinander lernen können

Ich möchte kurz von unserer Luisa erzählen. Sie ist ein wunderbares Mädchen. So lieb ich sie habe und so stolz ich auf sie bin, so sehr zerrt sie jedoch auch an meinen Nerven.

Sie war schon als Baby unglaublich aufgeweckt und allen anderen Babys einen Schritt voraus. Sie wollte immer auf dem Arm sein und alles mitbekommen. Ein richtiger »Reizstaubsauger«. Immer wieder mussten wir sie vor den vielen Eindrücken schützen, um sie nicht zu überfordern.

Heute ist Luisa zweieinhalb Jahre alt. Sie ist unglaublich willensstark (stärker als ich) und weiß sehr genau, was sie will und was sie nicht will. Sie will alles allein machen und ist in vielen Dingen auch sehr kompetent. Sie ist gleichaltrigen Kindern sowohl motorisch als auch sprachlich weit voraus. In der Kita ist sie zwar nicht die Älteste, aber die Fitteste von allen. Sie ist dort der Chef und sagt den anderen, wo es langgeht (deswegen freue ich mich so darauf, wenn sie endlich in den Kindergarten kommt, wo ältere Kinder ihr auch mal Kontra geben werden).

Ich fühle mich jedoch oft überfordert und ziemlich ausgelaugt. Ich verliere immer mal wieder die Nerven und werde laut, schreie sie manchmal richtig an, was mir dann im Nachhinein leidtut.

Hinzu kommt, dass Luisa total auf mich fixiert ist. Der Papa wird teilweise abgelehnt oder sogar weggeschickt, aber er lässt sich davon zum Glück nicht beirren, ist weiterhin zugewandt und versucht, die Zurückweisungen nicht persönlich zu nehmen. Im Alltag bedeutet das aber für mich, dass alles an mir hängen bleibt. Sie ins Bett bringen, sie wickeln, sie anziehen, sie trösten, ihr helfen – eben alles, was ein Tag so mit sich bringt. Mit dem Papa »klappt« es in der Regel nur, wenn ich nicht da bin.

Ich hatte mich immer riesig auf eigene Kinder gefreut und bin stolz darauf, so eine willensstarke Persönlichkeit auf ihrem Lebensweg begleiten zu dürfen. Anderseits bin ich so erschöpft, dass ich mir beim besten Willen nicht vorstellen kann, ein weiteres Kind zu bekommen (obwohl Luisa sich sehnlichst ein Geschwisterchen wünscht). Ich habe Angst, zwei Kindern nicht gerecht werden zu können und dabei selbst auf der Strecke zu bleiben…

Über ein paar Tipps und Ratschläge von Ihnen würde ich mich sehr freuen, und natürlich würde ich mich auch gern mit anderen Eltern austauschen, denen es ähnlich geht.

Eine Mutter, die sich ziemlich ausgelaugt fühlt

Antwort von Jesper Juul

Ihre Tochter Luisa scheint mir ein klassisches Beispiel für ein autonomes Kind zu sein. Und wie so viele Eltern von autonomen Kindern fühlen Sie sich natürlich überfordert und auch oft nicht als wertvoll. Kein Wunder, dass Sie dann laut und aggressiv werden.

Ihr Mann verhält sich genau richtig! Und ich möchte ihn darin bestärken, so weiterzumachen. Wenn Luisa ihn ablehnt, dann sollten Sie zu Ihrer Tochter sagen: »Heute macht dein Vater das, denn mir ist es zu viel.« Vermutlich haben Sie die berechtigte Sorge, dass sich Luisa in so einem Moment von Ihnen abgelehnt fühlt – doch sollten Sie sich davon nicht beirren lassen und in aller Ruhe Ihre Aussage unterstreichen, etwa mit den Worten: »Für mich ist das zu viel Anstrengung. Ich brauche auch Zeit für mich selbst und will nicht jedes Mal mit dir kämpfen müssen.« Am besten sagen Sie das im Beisein von Luisas Vater!

Wenn Luisa entgegnet: »Ich will aber dich«, dann antworten Sie: »Ja, das habe ich gehört, *ich* will aber nicht. Ich will erst von deinem Vater lernen, wie man das macht, ohne ständig in Konflikt zu geraten oder mich so anstrengen zu müssen.«

Der Tod eines Zwillingskinds

Meine Tochter ist 8 Jahre alt, und seit acht Jahren versuchen mein Mann und ich, sie zu verstehen und so gut wie möglich durchs Leben zu begleiten. Es war aber von Anfang an sehr schwierig und äußerst anstrengend.

Ich muss dazu sagen, dass unsere Tochter und ich eine sehr harte Schwangerschaft hinter uns haben. Es war eine eineiige Zwillingsschwangerschaft, in deren 18. Woche bei einem der Zwillinge eine schwere chromosomale Anomalie festgestellt wurde. Da das Kind zu sterben drohte und um ein Kind zu retten, erfolgte sechs Wochen später ein selektiver Fetozid. Die Operation war erfolgreich, wenn man das so sagen kann – für mich war es auch eine Tragödie! –, und meine Tochter kam durch Kaiserschnitt in der 38. Woche zur Welt.

Trotz der riesigen Freude über mein Kind war ich nach der Geburt drei Jahre lang depressiv und habe psychoanalytische Hilfe in Anspruch genommen, die mir geholfen hat, das Erlebnis zu verarbeiten.

Meine Tochter ist sehr leidenschaftlich und will immer ihren Willen durchsetzen – mit einer Kraft, die ich manchmal als zerstörerisch empfinde. Sie will unabhängig sein, ist aber noch ein Kind und braucht uns. Dennoch will sie sich nicht helfen lassen, es sei denn, sie mag sich gerade nicht anstrengen oder sie merkt, dass sie allein nicht weiterkommt.

Andererseits hat sie wenig Selbstbewusstsein, sagt, sie sei zu doof, und gibt bei kleineren Schwierigkeiten sofort auf. Sie ist oft traurig, sehr sensibel, kann keine Kritik ertragen (selbst wenn sie positiv ist), will alles immer perfekt machen und beim ersten Versuch schaffen und hat Wutanfälle, die jeden Rahmen sprengen.

Mein Mann hat sie mal mit einem Zug verglichen, der kein Signal beachtet, bis es zu spät und ein Frontalunfall unvermeidlich ist. Ich finde den Vergleich leider sehr passend.

Mein Mann und ich möchten lernen, wie wir für unsere besondere Tochter bessere Eltern sein können. Wir haben auch schon Hilfe von außen in Anspruch genommen, doch obwohl sich schon vieles verbessert hat, bin ich mit dem Ergebnis noch nicht zufrieden.

Wir haben noch eine Pflegetochter von dreieinhalb Jahren. Mit ihr klappt alles super, obwohl auch sie leidenschaftlich, sehr lebhaft und manchmal ziemlich stur ist. Unsere Erziehungsmethoden, die auf viel Liebe, Verständnis und sanfter, aber bestimmter Führung basieren, scheinen bei ihr bestens zu funktionieren.

Im Verhältnis zu unserer älteren Tochter haben wir bestimmt viele Fehler gemacht, doch ist es sicherlich nicht zu spät, um zu lernen, wie wir mit ihr besser umgehen können.

Es grüßen herzlich zwei stolze, aber angestrengte Eltern

Antwort von Jesper Juul

Der Tod Ihres Zwillingskindes in der 24. Woche hat bei Ihnen natürlich eine tiefe Trauer ausgelöst, und es war sicherlich eine gute Entscheidung von Ihnen, kompetente Hilfe in Anspruch zu nehmen. Ihre überlebende Tochter hat diese Möglichkeit nicht gehabt, hatte also weder Zeit noch Raum, um zu trauern. Man kann sich natürlich fragen, ob ein Mädchen mit 24 Wochen so etwas spürt. Aber ich glaube schon.

Nun ist Ihre Pflegetochter in der Familie angekommen und entwickelt sich prächtig durch all das, was Sie ihr als Mutter und Eltern anbieten. Ich glaube, dass Ihr eigenes Kind genau dieselbe Liebe und Fürsorge braucht und auch genießen könnte, doch wird sie in gewisser Weise durch ihre eigene Trauer daran gehindert.

Sie hatten die Möglichkeit, Ihr verlorenes Kind zu betrauern. Diese Möglichkeit hatte seine überlebende Schwester nicht. Ich möchte Ihnen daher folgenden Vorschlag machen: Nehmen Sie sich einen Nachmittag frei und sagen Sie Ihrer Tochter, dass Sie ihr eine Geschichte über sich selbst und das Leben Ihrer Tochter erzählen wollen, und diese Geschichte geht so:

»Für einige Wochen hatte Bea (so nenne ich Ihre Tochter, um persönlich sprechen zu können) ein Zwillingsgeschwisterchen, das zu krank war, um zu überleben. Ich habe als Mutter ein Baby verloren und war doch sehr, sehr glücklich, dass du geboren wurdest. Tatsächlich habe ich vor lauter Glück vergessen, dass du ein Geschwisterchen verloren hast. Hast du so etwas je gefühlt?«

Tatsächlich sollten Sie in den Augen und der Mimik Ihrer Tochter erkennen können, ob diese Geschichte auf sie Eindruck macht.

Da ich Ihre Tochter nicht kenne, kann ich ihre Reaktion nicht vorhersehen. Aber ich vermute, dass sie ein paar Tage oder Wochen brauchen wird, um mit dieser neuen Information zurechtzukommen. Nach einiger Zeit können Sie nachfragen, wie es ihr geht, nachdem sie die Geschichte gehört hat.

Machen Sie sich klar, dass Ihre eigene Tochter und Ihre Pflegetochter sehr verschieden sind und unterschiedliche Bedürfnisse haben. Dann brauchen Sie auch keine Vergleiche mehr zwischen den beiden anzustellen und können so beiden gerecht werden. Ich wünsche Ihnen viel Glück auf diesem Weg.

Eine Mutter mit Schuldgefühlen

Ich bin 44 Jahre alt und habe zwei Kinder. Chiara ist 3 Jahre und 10 Monate und Luca 10 Monate alt. Ich habe ziemlich lange mit dem Kinderkriegen gewartet, wahrscheinlich weil ich Angst hatte. Meine Mutter, die vor neun Jahren verstorben ist, war ein richtiger »Angsthase«, hat ihre Ängste aber durch ihren Intellekt überspielt – also wurden alle Ermahnungen, Warnungen und Verbote stets von ausführlichen Erklärungen begleitet. Trotzdem habe ich als Kind gespürt, dass sie eigentlich immer Angst hatte. Richtig begriffen habe ich diese Tatsache leider erst sehr viel später im Rahmen einer langen Psychotherapie.

Glücklicherweise habe ich es noch in letzter Minute geschafft, zwei wunderbare, gesunde Kinder zu bekommen.

In Verbindung mit meinem »großen« Mädchen gibt es immer wieder Situationen, in denen ich wütend werde, sie anschreie und ihr auch einen Klaps auf den Hintern gebe, wenn sie absolut nicht auf mich hören will. Hinterher habe ich immer ein schrecklich schlechtes Gewissen, entschuldige mich bei ihr und nehme sie in den Arm. Irgendwie fühlt es sich falsch an, so zu handeln, und ich würde meine Wut gerne in den Griff bekom-

men, aber leider gelingt mir das allzu selten. Haben Sie vielleicht eine praktikable »Lösung« für mich? Das würde mich sehr erleichtern, denn ich habe starke Schuldgefühle.

Gerade fällt mir auf, dass ich gar nichts über meine Männer geschrieben habe. Also: Mein Vater war sehr autoritär und hat uns Kinder oft bestraft, ganz im Gegensatz zu unserer (zumindest nach außen hin) sanften Mutter. Manchmal hat er uns auch geschlagen. Bei meinem ruhigen und ausgeglichenen Mann wäre so etwas undenkbar. Er schlägt nicht, schreit nicht, bewahrt fast immer einen kühlen Kopf, obwohl er genau weiß, was er will – doch bei unserem großen Mädchen stößt auch er oft an seine Grenzen.

Viele Grüße sendet eine schuldbewusste Mutter

Antwort von Jesper Juul

Zuerst einmal möchte ich Sie beglückwünschen, dass Sie die hohe Hürde gemeistert haben, noch zwei Kinder zu bekommen, was aus Ihrer damaligen Sicht sicherlich eine große Herausforderung war.

Ich glaube, dass Ihre Tochter ein ganz normales Mädchen ist. Was Sie beschreiben, ist doch ein Zeichen von sicherer Bindung, die Sie und Ihr Mann Ihren Kindern geben. Ihre Tochter traut sich nicht nur, gehorsam zu sein, sondern auch, sich auszuprobieren – was wir Erwachsenen meistens ziemlich anstrengend finden. Sie als Eltern geben ihr dazu die nötige Sicherheit und den sicheren Boden.

Deshalb empfehle ich Ihnen, Ihre Schuldgefühle einfach beiseitezuschieben und lieber auf das zu schauen, was schon so wunderbar gut klappt.

Soll man seinen Kindern Frustrationen ersparen?

Sehr früh haben wir bemerkt, dass unser Sohn anders ist als die meisten anderen Kinder. Als er 4 Jahre alt war, haben wir uns zu einem Beratungsgespräch mit einem Kinderpsychologen getroffen. Schnell erkannte er, dass wir ein Kind mit hohem Autonomiebestreben und stark ausgeprägtem Explorationsverhalten haben. Hilfsangebote nimmt er kaum einmal an. Er ist zum Beispiel nie an der Hand gelaufen, sondern stellte sich an seinem ersten Geburtstag nach dem Kaffeetrinken hin und lief quer durch den Raum. Von da an lief er nur noch frei, ohne jegliche Hilfestellung. Auch Fahrradfahren und Schwimmen lernte er fast vollkommen selbstständig.

Und auch in anderer Hinsicht ist unser Sohn anders als andere Kinder:

- *Mit anderthalb Jahren konnte man Gespräche in ganzen Sätzen mit ihm führen.*

- *Mit zweieinhalb Jahren äußerte er zum ersten Mal den Wunsch, zur Schule zu gehen.*

- *Er sucht immer den Kontakt zu älteren Spielkameraden.*

- *Mit 3 Jahren wollte er unbedingt etwas ohne seine Eltern und ohne seinen 16 Monate jüngeren Bruder unternehmen.*

Die Beispiele ließen sich beliebig fortsetzen.

Mit 5 Jahren haben wir daher zum ersten Mal eine Begabungs- und Intelligenzdiagnostik bei ihm durchführen lassen. Hier erkannte man seine überdurchschnittlichen Begabungen in vielen Bereichen, vor allem aber in sprachlicher Hinsicht.

Daraufhin haben wir ihn im Alter von 5 Jahren auf Antrag eingeschult. Außerdem besucht er einmal pro Woche für 30 Minuten eine spanische Familie und lernt dort Spanisch. Zudem spielt er Trompete und macht Kung Fu. In der verbleibenden Freizeit verabredet er sich gern und häufig mit Freunden.

Wir als Familie haben seine Stärken und Schwächen kennen und lieben gelernt und können mittlerweile gut damit umgehen. Leider führen Marcels Besonderheiten in der Schule immer wieder zu Schwierigkeiten. Die Lehrer können weder mit seiner selbstbestimmten Art noch mit seinen besonderen Begabungen umgehen. Da er sich nichts sagen lassen und auch beim Lernen seinen eigenen Weg gehen will, verliert er manchmal den Anschluss im Unterricht.

Seine schulischen Leistungen liegen in allen Fächern zwischen Gut und Befriedigend. Die Grundschulzeit neigt sich dem Ende entgegen. Aus heutiger Sicht sagt sein Klassenlehrer, dass Marcel kein Kind für das Gymnasium sei. Seine schulischen Leistungen seien nicht gut genug. Sein Arbeitsverhalten, sein Ordnungssinn und sein Sozialverhalten ließen zu wünschen übrig.

Wir sehen das anders. Bei einem erneuten Intelligenztest kam ein ähnlicher Gesamt-IQ wie vor vier Jahren heraus (125). Im sprachlichen Bereich hat er sich noch einmal stark verbessert und liegt mit 137 weit im Bereich der Hochbegabung. Des Weiteren wurden noch Tests zur Leistungsbereitschaft und zum Leistungsstreben gemacht. Hierbei erreicht er auch weit überdurchschnittliche Werte. In einem anderen Test wurde festgestellt, dass er sein wahres Leistungsvermögen in der Klasse nicht zeigen möchte. Die Anerkennung in der Gruppe ist ihm sehr wichtig, und er möchte nicht als Streber oder »Andersartiger« gelten. Im Übrigen teilt auch das Institut für Begabungs- und Intelligenzdiagnostik unsere Einschätzung, dass das Gymnasium die richtige Schulform für unseren Sohn ist.

Marcel stellt auch jede Autoritätsperson infrage und testet nachhaltig seine Grenzen. Nun wird es nach den Sommerferien sowohl in Deutsch und Englisch als auch in Mathe und Sachunterricht zu einem Lehrerwechsel kommen. Würden Sie uns bitte eine Hilfestellung an die Hand geben, damit wir die ersten Wochen des neuen Schuljahres mit weniger Stress für Marcel und in der Konsequenz auch für uns überstehen können?

Ideal fänden wir es, mit den Lehrern eine Kommunikationsebene zu schaffen, um ihnen »Tipps« im Umgang mit Marcel zu geben. Das Wichtigste erscheint uns, dass die Lehrer verstehen, wie unser Kind tickt. Wie fühlt und denkt er? Warum reagiert und agiert er so und nicht anders?

Obwohl sein Autonomiebestreben und seine überdurchschnittlichen Begabungen bereits im Vorschulalter festgestellt wurden, ist er in den letzten drei Jahren in der Schule leider nicht bedarfsgerecht gefördert worden, da der Klassenlehrer die Begabung aufgrund von Marcels Arbeitsverhalten nicht sieht.

Würden Sie uns unterstützen?

Eltern eines tollen – autonomen – Sohnes, die dem Schulsystem machtlos gegenüberstehen

Antwort von Jesper Juul

In Dänemark haben wir eine humoristische Bezeichnung für Ihr Elternverhalten und sprechen gern von »Curling-Eltern«. Marcel ist im übertragenen Sinne der Stein, und Sie als seine Eltern sind die Wischer, die mit ihren Besen versuchen, alle Unebenheiten aus dem Weg zu fegen, damit der Stein ohne Schwierigkeiten einen optimalen Platz einnehmen kann.

Was jedoch bedeutet, dass Marcel nicht lernt, sich in der Außenwelt so zu manifestieren, wie er ist – mit all seinen Stärken und Schwächen. Ich glaube, dass alle Eltern ein wenig zu diesem Verhalten neigen. Wir wollen so sehr, dass unsere Kinder glücklich sind, dass sie niemals unglücklich sein *dürfen*, und so versuchen wir alles, um ihnen jede Frustration zu ersparen. Aber Frustrationen gehören zu allen Lernprozessen dazu. Und auch Marcel muss seine Begrenzungen erfahren, um mehr lernen zu können.

Von Ihnen als seinen Eltern braucht er nur zu wissen, dass er so geliebt wird, wie er ist, unabhängig von Schulnoten und Intelligenztests.

Wenn (Curling-) Eltern sich allzu sehr in den Dienst ihrer Kinder stellen, signalisieren sie diesen unwillkürlich, dass Erwachsene keine eigenen Bedürfnisse und keine Grenzen haben und nur dazu da sind, die Wünsche ihrer Kinder zu erfüllen. So brauchen sie sich nicht zu wundern, wenn deren Bedürfnis nach Aufmerksamkeit monströse Ausmaße annimmt und ihr Verhalten unerträglich und provozierend wird.

Irgendwann erreichen diese Eltern dann zwangsläufig den Punkt, an dem sie ihre Scheinwelt nicht länger aufrechterhalten können. Und so empfinden sie sich als gescheiterte Eltern, denen es nicht gelungen ist, ihren Kindern eine »perfekte« Kindheit zu bescheren.

Manche kämen jetzt vermutlich auf die Idee, diesen Kindern Grenzen setzen zu wollen. Doch dieser verständliche Reflex würde den Kindern auch noch die Beleidigung antun, als Mensch »falsch zu sein«.

Was also ist zu tun? Ich schlage Ihnen vor, Ihre Elternrolle komplett zu überdenken, sie dem wirklichen Leben anzupassen und Ihre unrealistischen Träume zu begraben.

Ein Pflegekind mit Wut im Bauch

Julia ist unsere Pflegetochter und im Alter von 9 Wochen zu uns gekommen. Von Anfang an hat sie jeden engen Körperkontakt abgewehrt, obwohl wir das Gefühl hatten, dass sie schnell Zutrauen zu uns gefasst hat. Sie war nach 3 Wochen bereits sehr auf uns fixiert: lachte, wenn sie unsere Stimmen hörte; reagierte panisch, sobald Besuch kam. Allein mit uns, hat sie sich schnell wieder beruhigt. Insgesamt ist Julia ein sehr fröhliches und temperamentvolles Kind, das ständig in Bewegung ist.

Schon im Alter von drei Monaten war Julias eigener starker Wille erkennbar. Man verstand genau, was sie wollte und was nicht. Bis heute ist sie kaum von etwas abzubringen, was sie sich in den Kopf gesetzt hat. Außerdem ist sie sehr selbstständig und will alles allein machen. Sie setzt ganz klare Grenzen, und es kommt einem so vor, als stelle sie ihr Tun niemals infrage, sondern sie tut es einfach. Wenn sie etwa den Tisch decken möchte, dann geht sie an den Schrank, der sich in ihrer Höhe befindet, und holt das Porzellangeschirr heraus. Sobald wir ein Nein aussprechen, wird sie wütend, entfernt sich ein paar Schritte vom Schrank und geht dann erneut zielstrebig auf ihn zu.

Julia ist im Verhältnis zu ihrer Körpergröße sehr stark. Sie schiebt und trägt schwere Gegenstände – Kinderstuhl, Laufdreirad, Duplokisten – durch die Gegend, als wäre das ein Kinderspiel. 1,5-Liter-Flaschen stellt sie allein auf den Esstisch. Wir lieben sie wirklich sehr. Für uns ist sie wie ein eigenes Kind und hat unser Leben enorm bereichert.

Sie möchte immer im Mittelpunkt stehen und genießt es, die volle Aufmerksamkeit auf sich zu ziehen, obwohl sie keineswegs distanzlos ist.

Unser größtes Problem besteht darin, dass sie extrem sauer wird, wenn wir unterwegs sind und wieder nach Hause fahren wollen. Ganz gleich, ob es beim Einkaufen oder nach einer Spielsituation ist. Sie fängt dann laut an zu schreien, macht sich steif und beruhigt sich erst wieder, wenn wir zu Hause angekommen sind. Egal, ob die Fahrt zehn Minuten oder eine Stunde lang dauert. Bei Spaziergängen will sie entscheiden, welchen Weg wir nehmen. Sobald wir sie einholen oder sie auffordern, mit uns zu kommen, läuft sie schnurstracks in die entgegengesetzte Richtung. Der Ärger ist dann jedes Mal vorprogrammiert.

Wir würden sie ja gern gewähren lassen, aber Kinder müssen doch erst einmal lernen, was man als Eltern akzeptiert und was nicht. Ebenso müssen sie Grenzen aufgezeigt bekommen, damit sie sich orientieren und sich wertgeschätzt fühlen. Manchmal auch, um Gefahren einschätzen zu können.

Vielleicht reicht Ihnen diese Schilderung, um sich ein Bild von unserer Situation machen zu können. Über eine Antwort würde ich mich sehr freuen.

Eine stolze, aber ein wenig überforderte Mutter

Antwort von Jesper Juul

Ihre erste Beobachtung, den Körperkontakt betreffend, ist sehr wichtig und aufschlussreich. Denn wir als Erwachsene wünschen uns in der Regel doch sehr, unseren Kindern diese Art von Kontakt und Wärme anbieten zu können.

Julia war aber damals in einer sehr kritischen Lebensphase und hat wahrscheinlich nicht genug Körperkontakt mit ihren leiblichen Eltern gehabt – womöglich auch zu viel. Deshalb ist Körperkontakt für sie kein Symbol für Vertrauen und Nähe. Trotzdem hat sie sehr schnell verstanden, dass sie ihren neuen Eltern vertrauen kann, deshalb hat sie sich auf sie beide fixiert.

»Kinder müssen doch erst einmal lernen, was man als Eltern akzeptiert und was nicht«, schreiben Sie. Kinder, die so selbstbestimmt sind wie Ihre Julia, müssen damit anfangen, ihre eigenen Begrenzungen zu erkennen, bevor sie die Grenzen der anderen ernst und wahrnehmen können.

Wenn Julia also nicht mit nach Hause kommen will, könnten Sie in etwa Folgendes zu ihr sagen: »Hör mal, in zehn Minuten müssen wir wieder nach Hause fahren, wäre das okay für dich?« Dann wird sie wahrscheinlich mit Nein antworten und zu schreien anfangen. Daraufhin sagen Sie: »Ich habe verstanden, dass irgendetwas für dich nicht stimmt, ich verstehe aber nicht, was es ist. Kannst du mir bitte erklären, was dich daran so wütend macht?«

Ich kann Julias Antwort nicht vorhersagen, aber ich weiß, sie wird sich mit dieser gleichwürdigen Frage ernst genommen fühlen. Vielleicht wird sie Ihnen sofort antworten, vielleicht auch erst in zehn Minuten, aber nach meiner Erfahrung fällt es Kindern, die sich ernst genommen fühlen, sehr viel leichter zu kooperieren.

Schwarze und weiße Punkte

Felix ist etwas ganz Besonderes, und bis zur Geburt seiner kleinen Schwester war er das »pflegeleichteste« Kind, das man sich vorstellen kann. Er ist vielseitig interessiert und braucht ständig neuen »Input«.

In der Kindertagesstätte war er ein »Außenseiter«, hatte aber das Glück, gute Pädagogen um sich zu haben, die ihn so genommen haben, wie er ist. Mit anderen Kindern gab und gibt es fast immer Streit. Als seine kleine Schwester Emilia 16 Monate nach ihm auf die Welt kam, hat er massiv gebissen. Wir haben deshalb oft einen großen Bogen um Spielplätze gemacht, was sicherlich auch ein Fehler war.

Dann kam Felix in einen englischsprachigen Kindergarten. Wir dachten, das täte ihm gut, weil er so wissbegierig ist, aber durch den Umzug der Einrichtung entstand plötzlich eine große Unruhe. Die Erzieher waren neu zusammengewürfelt und mit der Situation überfordert. Felix war es auch und hat kontinuierlich alle englischsprachigen Kinder gebissen, bis sie ihn von heute auf morgen einfach aus dem Kindergarten »rausgeworfen« haben.

Der einzige Kindergarten, der ihn schnell aufnehmen konnte, war ein neu gegründeter Sportkindergarten. Das »Anfangsteam« der Erzieher war toll, vor allem eine Erzieherin hat ihn ins Herz geschlossen und aufgefangen. Sie war »seine« Ansprechpartnerin – etwas, das er immer sehr gebraucht hat und weiterhin braucht. Leider war die Leiterin der Einrichtung jung und unerfahren, was zur Folge hatte, dass alle erfahrenen Erzieherinnen gekündigt haben. Und Felix, der so viel Struktur und Routine braucht, stand wieder mitten im Chaos.

Immer öfter wurde ich angerufen, weil Felix mit seinen drei Jahren komplett angezogen im Eingangsbereich saß und abgeholt werden wollte. Später habe ich erfahren, dass die »unbequemen Jungs« öfter mal in den Sportraum eingeschlossen wurden. Er hat mir immer wieder erzählt, wie schlimm es sei, dass sich die Erzieher nicht »an die Regeln« hielten. Gemeint hat er damit, dass jeder neue Erzieher andere Vorgaben aufgestellt hat. Am Ende konnte er das nicht mehr ernst nehmen und hat sich nicht mal die Mühe gemacht, sich die Namen der Erzieher zu merken.

Dann hatten wir endlich Glück und fanden einen sehr guten und liebevollen Kindergarten. Doch Felix hat bereits darunter gelitten, überall »verstoßen« zu werden – damit kämpft er noch heute.

Die Grundschulzeit gestaltet sich äußerst problematisch und wird von ständigem Mobbing begleitet. Wenn im Unterricht irgendwo ein »D« einzusetzen ist, dürfen seine Mitschüler rufen: »Da muss ein D rein – D wie dummer Felix.« Und die Lehrerin lacht dazu.

Die Pausenhofsituation war immer schwierig. Um nicht allein zu sein, hat er andere Kinder lieber geärgert, dann ist wenigstens jemand hinter ihm hergerannt, und er stand nicht allein herum. Wodurch er seinen »Ruf« natürlich nicht verbessert hat, und am Ende des vierten Schuljahres ist er dort für alle zum Buhmann geworden.

Wenn Felix verletzt ist, zeigt er keine Schwäche, sondern reagiert »cool« – was die anderen Kinder offenbar noch mehr provoziert. Die vielen Kränkungen haben Felix verhärtet. Er umgibt sich mit einer »Schutzmauer«, die erst abends, wenn ich ihm vorlese oder Geschichten nach seinen Stichwörtern erfinde, ein wenig bröckelt.

Außerdem spürt er inzwischen wohl, dass er sich von uns eigentlich viel mehr lösen müsste, und wird mir gegenüber sehr garstig, worauf ich dummerweise immer wieder verletzt reagiere. Oft ist er gar nicht ansprechbar, wenn er wieder mal einen »Frusttag« hinter sich hat. Im Moment ist es ganz schlimm, und wir haben uns mit ihm hingesetzt und alles aufgeschrieben, was er als »schwarze Punkte« empfindet.

Die drei größten Themen sind, dass er sich selbst nicht leiden kann, weil er seine Ungeduld nicht im Griff hat und so oft aggressiv und ungehalten reagiert, was man nach einem frustrierenden Schultag ja auch verstehen kann. Manchmal wacht er morgens schon »geladen« auf, weil nicht einmal die Nacht ausgereicht hat, damit er Ruhe findet.

Das zweite große Thema ist, dass er sich immer und überall als Außenseiter fühlt, und das dritte der Schul- und Hortwechsel. Seine größte Angst ist es, dass er in eine Klasse mit ehemaligen Klassenkameraden kommt, die schlechte Dinge über ihn erzählen und ihm einen »Neuanfang« unmöglich machen.

Seine Schwester fühlt sich mittlerweile auch sehr für ihn

verantwortlich. Sie verteidigt ihn, wo sie kann, und ermahnt die anderen Kinder, gerechter zu Felix zu sein. Auch das macht mir Sorgen, weil sie sich mit ihren 8 Jahren für Dinge verantwortlich fühlt, die zu groß für sie sind und die sie nicht belasten sollten.

Können Sie mir einen Tipp geben, wie wir Felix sein Selbstbewusstsein wiedergeben können? In den Weihnachtsferien war es wieder so eine schöne Zeit. Er war entspannt und plötzlich wieder »der Alte«, konnte zuhören, helfen und freundlich sein, und auch seine ständigen Aggressionen waren verschwunden.

Eine Mutter, die dringend einen guten Rat braucht

Antwort von Jesper Juul

Erst einmal möchte ich zu Ihrer bewundernswerten Haltung Ihrem Sohn gegenüber sagen, dass dies genau das ist, was er braucht, um sein Selbstgefühl zu stärken. Wie alle Menschen braucht er mindestens einen verlässlichen Vertrauten. Lassen Sie sich nicht von Lehrern oder anderen Personen verunsichern. Ihr Sohn kann sehr wohl unterscheiden, wer ihm guttut und wer nicht.

Vielleicht wäre es für ihn möglich, die Klasse oder Schule zu wechseln. Er hat ja schon gelernt, dass er sich in einem neuen Umfeld immer wieder neu erfinden kann. Jetzt braucht er nur noch die Erfahrung und die Gewissheit, dass er Menschen aus seinem alten Umfeld, die ihn beschädigen wollen, nicht hilflos ausgeliefert ist. Dazu ist seine Aggressionsfähigkeit eine wichtige Voraussetzung: Er kann sich wehren. Doch er kann sich nicht dagegen wehren, wenn er gemobbt wird. Dafür tragen die Lehrer die Verantwortung. Wenn von ihnen keine Unterstützung zu erwarten ist, wäre es an der Zeit, das Umfeld – in diesem Fall die Klasse oder die Schule – zu wechseln. Darüber hinaus ist es für Sie und Ihren Sohn jedoch wichtig zu verstehen, dass er nicht überall auf Freunde stoßen wird, sondern auch auf Menschen, die ihn nicht mögen – dass er von diesen jedoch nicht abhängig ist.

Ich glaube, dass Ihre Beschreibung ins Schwarze trifft: Er will ernst genommen werden, er ist äußerst sensibel, spürt mehr, als sein Kopf verarbeiten kann – und jetzt kommt die Zeit, in der er lernt, die verschiedensten Situationen intellektuell zu verarbeiten, statt ausschließlich von seinen Gefühlen getrieben zu sein.

Um diesen Entwicklungsprozess zu unterstützen, möchte ich Ihnen vorschlagen, Folgendes zu tun, wenn Sie das nächste Mal mit Ihrem Sohn in Konflikt geraten: Erklären Sie ihm unumwunden, dass Sie nicht wissen, was Sie tun sollen. Dass Sie es mit ihm so gut wie möglich machen wollen, was Ihnen aber offenbar nicht gelingt. Bitten Sie ihn um seine Hilfe. Fragen Sie ihn, was Sie falsch machen oder besser machen können. Geben Sie Ihrem Sohn einen Tag Zeit, darüber nachzudenken, und fragen Sie ihn dann erneut. Machen Sie ihm auch klar, dass Sie keine Lust mehr auf die immer gleichen nutzlosen Diskussionen haben.

Ich würde viel mehr auf die weißen Punkte – also auf all das, was gelingt – achten als auf die schwarzen.

Akzeptanz statt starre Grenzen

Meine knapp 3-jährige Tochter Katharina ist extrem selbstständig und sucht sich beispielsweise ihre Kleidung selbst aus. Ich bin schon öfter von anderen Müttern mit skeptischen Blicken bedacht worden, wenn Katharina bei 30 Grad im Schatten mit Wollmütze und viel zu kleinen Winterstiefeln angelaufen kommt … oder auch mal bei 10 Grad Außentemperatur ohne Schuhe herumläuft. Oft verweigert sie ein gemeinsames Mittagessen, doch kaum ist der Tisch abgeräumt, steht sie beim Kühlschrank und bedient sich.

Vor einigen Tagen war ich in einem kleinen Buchladen. Ich hatte sie für ein paar Sekunden aus den Augen verloren, weil ich mit der Verkäuferin gesprochen habe. Plötzlich war sie verschwunden. Erst nach kurzer Zeit fand ich sie wieder. Sie hatte sich im Laden ein paar interessante Dinge zusammengesucht: eine Geldbörse, Murmeln, einen Flummi und einen Müsliriegel. Mit diesen Dingen hatte sie den Laden verlassen, die Straße überquert und ihr Diebesgut bei einem kleinen Springbrunnen auf den Boden gelegt, einen Stuhl von einer benachbarten Wirtschaft zum Brunnen geschoben und sich gemütlich daraufgesetzt.

Inzwischen akzeptiere ich ihren Unabhängigkeitsdrang vollkommen und versuche sie zu fördern, wo ich kann. Ich habe aufgehört, mit ihr zu schimpfen und ihr Grenzen zu setzen. Das hat auch mich wieder zu einer glücklichen Mutter gemacht; ich dachte schon, ich würde versagen.

Das Einzige, was mir doch noch Probleme bereitet, ist ihr eigenmächtiges Verhalten im Straßenverkehr. Sie kann die Gefahren noch nicht wirklich abschätzen, läuft mir aber ständig davon.

Mein Mann wird beruflich sehr stark beansprucht und unsere Eltern wohnen weit weg. Jetzt sind Ferien, und ich stehe jeden Tag vor der Frage, ob ich mich allein mit den Kindern in die Welt hinaustraue und später alle wieder gesund nach Hause bringe oder ob ich stattdessen allein zu Hause bleiben und warten soll, bis uns allen die Decke auf den Kopf fällt.

Ich habe noch einen 6-jährigen Sohn und eine 4 Monate alte Tochter. Auch der 6-jährige Florian hat einen sehr starken Willen, so selbstbestimmt wie Katharina ist er aber nicht.

So, meine kleine Tochter Annika wacht auf, ich werde wieder gebraucht!

Eine stark beanspruchte Mutter

Antwort von Jesper Juul

Ihre Tochter Katharina ist ohne Zweifel sehr kompetent und selbstbestimmt. Diese beiden Qualitäten haben Sie selbst ja auch erkannt und wahrgenommen.

Es gibt eigentlich nur ein Problem, und das ist ihr Verhalten im Straßenverkehr. Was das angeht, haben Sie vollkommen recht. Deshalb sollten Sie zu Katharina sagen: »Hör mal, in deine Kompetenz habe ich viel Vertrauen, aber du weißt nicht alles. Es gibt Erfahrungen, die ich gemacht habe und du noch nicht. Wie du dich im Straßenverkehr verhältst, das ist mir einfach zu gefährlich, deshalb mache ich mir große Sorgen darum. Ich will, dass du viele Dinge selbst entscheiden kannst, aber wenn es um den Straßenverkehr geht, dann musst du auf mich hören! Wenn du das nicht willst, dann muss ich wissen, warum! Das ist für mich genauso wichtig, wie für dich zu wissen, warum ich mich in deine Entscheidungen einmische.«

Die Kunst des Kompromisses

Rebekka ist 4, und Jonas wird im Oktober 3 Jahre alt. Beide sind enorme Energiebündel und sprühen vor Kreativität und Forscherdrang. Motorisch sind sie anderen Kindern weit voraus, konnten beide vor ihrem ersten Geburtstag laufen und mit knapp 2 Jahren Treppensteigen, ohne sich festzuhalten. Klettern und Springen fällt ihnen ungemein leicht.

Rebekka fing früh an zu sprechen, Jonas brauchte etwas länger, argumentiert aber nicht minder gut. »Befehle« stoßen auf Widerstand. Es wird immer verhandelt, und es fehlt beiden nicht an Ideenreichtum, um stets verschiedene Alternativvorschläge zu machen. Sie möchten immer wissen, warum und weshalb so oder so gehandelt wird, und finden es ungerecht, dass die Erwachsenen so vieles entscheiden. Bietet man jedoch Alternativen an, finden wir immer einen Kompromiss.

Beide Kinder möchten alles selbst machen, lernen aber auch schnell durch eigene Erfahrungen dazu. Rebekka wollte im Winter beispielsweise so gut wie nichts anziehen. Ich habe dann einfach zu ihr gesagt, sie solle doch bitte mal mit ihrer Windel rausgehen, dann würden wir ja sehen, ob ihr kalt ist oder nicht. Sie kam sofort wieder rein und sagte, sie bräuchte nun doch einen Body, denn es sei kalt! Das Spiel ging so lange weiter, bis sie komplett angezogen war, inklusive Jacke und Mütze. Seither ist das Anziehen kein Problem mehr. Sie entscheidet und hat ein gutes Gefühl für Wärme oder Kälte.

Vor allem bei Jonas fällt mir auf, dass er sich in keiner Weise manipulieren lässt. Sobald er einen Manipulationsversuch spürt, macht er »dicht«. Wenn ich in ähnlichen Situationen mal so, mal so entscheide, werde ich sofort auf meinen »Widerspruch« aufmerksam gemacht. Es stößt auf Unverständnis, wenn man nicht integer handelt. Bei einem Nein muss man wirklich dahinterstehen beziehungsweise sich seiner eigenen Grenzen bewusst sein, sonst zieht dies lange Diskussionen nach sich.

Es kommt mir vor, als wären beide Kinder mit einer anderen »Ausstattung« auf die Welt gekommen. Rebekka saugt alles auf wie ein Schwamm, speichert die Informationen und kann sie bei jeder Gelegenheit wieder abrufen. Die Leiterin ihres Kindergartens machte dieselbe Beobachtung.

Jonas schaut sich vieles ab und macht es in Windeseile nach. Beide trinken enorm viel, selbst nachts. Es scheint, als kühlten sie damit ihre energiegeladenen Körper. Sie sind sehr empfindsam, was die Atmosphäre im Allgemeinen betrifft – anhaltender Krach, schlechte Stimmung etc. bringen sie schnell durcheinander, und gerade Rebekka hat dann große Schwierigkeiten, sich davon abzugrenzen.

Ich könnte noch viel mehr schreiben, würde mich aber in jedem Fall über ein Feedback und weiteren Austausch freuen.

Eine stolze Mutter

Antwort von Jesper Juul

Ausgehend von Ihrer Beschreibung glaube ich, dass Ihre Tochter ein selbstbestimmtes Kind ist. Bei Matthias bin ich mir nicht so sicher. Vielleicht kooperiert er mit seiner Schwester, indem er ihr Verhalten kopiert, oder er hat dieselbe Veranlagung.

Kinder hassen es im Allgemeinen, wenn Eltern oder andere Erwachsene sie manipulieren wollen. Und Sie haben Ihr Verhalten ja schon geändert, um den Umgang miteinander weniger konfrontativ zu machen. Das ist für mich ein Zeichen, dass Sie auf dem richtigen Weg sind. Es geht weder um eine Kraftprobe noch um einen Machtkampf. Jonas kämpft nur für seine Integrität, und wenn er spürt, dass seine Identität anerkannt wird, dann kooperiert er gerne.

Das Dilemma einer jungen Mutter

Mit 21 und 20 Jahren sind mein Freund und ich mehr oder weniger überraschend Eltern geworden. Das ist jetzt vier Jahre her, und seitdem ist, wie Sie sich vorstellen können, sehr viel passiert. Vor allem dank Finn haben wir viel gelernt. Kaum war er geboren (zu Hause, sehr entspannt und vollkommen komplikationslos), schrie er erst einmal eine knappe Stunde lang – später stellte sich heraus, dass er die zunächst nicht angebotene Brust zum Stillen bevorzugte. Ein paar Nächte später machte er uns sehr klar, wie seine Nachtgarderobe auszusehen hat. An Knuddeln oder andere Zärtlichkeiten war niemals zu denken. Kinderwagen und Autositz? Unmöglich! Die seltenen Fahrten darin wurden von permanentem Schreien begleitet, ganz gleich, ob die Fahrt fünf Minuten oder eine Stunde lang dauerte.

Ich stellte schnell fest, dass Finn absolut nicht meiner Vorstellung von einem süßen, kleinen Säugling entsprach. Finn betrachtete seine Umwelt mit wachen Augen und stets ernstem Blick. Auch motorisch war er den meisten Gleichaltrigen voraus: Mit 8 Monaten ist er gekrabbelt, und kaum zwei Monate später konnte er selbstständig laufen. Als er 15 Monate alt war, weigerte er sich, weiterhin Windeln zu tragen. Glücklicherweise hatte ich kurz zuvor Ihr Buch »Dein kompetentes Kind« gelesen und ließ ihn nach einer klaren Aussage gewähren – zwei Wochen später war er so gut wie trocken. Ungefähr zu dieser Zeit fing er auch damit an, nur noch die Kleidung anzuziehen, die er sich selbst aussuchte.

Auch wenn der gemeinsame Alltag oft anstrengend ist, bin ich sehr froh darüber, dass Finn ist, wie er ist! Als angehende Kindheitspädagogin durfte ich außerdem unglaublich viel über Erziehung und deren Vor- und Nachteile lernen.

Die Sache mit der passenden Kleiderwahl ist immer noch ein großes Problem, vor allem wenn es draußen kalt ist. Finn weiß auch weiterhin, was er will und was er nicht will. Vor ein paar Tagen stand er bibbernd auf dem Spielplatz – mit blauen Lippen! Wir waren vorher schon draußen gewesen, und er hatte dabei gefroren. Dennoch wollte er bei einem kurzen Zwischenstopp zu Hause nichts zum Anziehen mitnehmen. Und so ließ ich die vorher stundenlang mitgeschleppte Jacke eben zu Hause. Aber selbst wenn ich Kleidung mitnehme, die Finn sich ausgesucht hat, heißt das nicht zwingend, dass er sie auch anzieht. Ob er sich die Sachen ausgesucht hat oder ich, macht kaum einen Unterschied. In den letzten Wochen war er bereits zweimal krank, sodass ich mir deswegen echte Sorgen mache. Ich verstehe nicht, weshalb er nicht begreift oder begreifen will, dass er eben mal in den sauren Apfel beißen muss, eventuell zu dick angezogen zu sein. Oder gibt es für sein Verhalten vielleicht einen anderen Grund?

Ein weiterer Punkt, der mir nicht minder zu schaffen macht, ist sein ständiges Maulen und Jammern. Hinzu kommt, dass Finn meiner Meinung nach eine sehr geringe Frustrationstoleranz hat.

Sobald ihm etwas nicht so gelingt, wie er sich das vorstellt, wird rumgemault. Und wenn ich ihm nicht sofort helfe, befinden wir uns in einem Teufelskreis. Er mault, was mich nervt, wodurch er noch mehr mault, was meine Nerven noch mehr strapaziert … Das passiert so oft, dass ich mich selten auf unsere gemeinsame Zeit freue – wodurch wir im nächsten Teufelskreis stecken.

Was mich auch beschäftigt, sind zwei Sätze, die ich in letzter Zeit oft von Finn zu hören bekomme: »Alles muss ich alleine machen.« Und: »Nichts darf ich so machen, wie ich das will.« Letzteres führte dazu, dass wir nach einem sehr guten Gespräch beschlossen haben, mal eine Woche lang auszuprobieren, wie es für uns alle ist, wenn Finn selbst entscheiden darf, wann und wie lange er am Laptop fernsehen will. Ich bin schon sehr gespannt! Mir fällt die Vorstellung zwar schwer, dass er stundenlang nichts anderes tut – ich glaube zu wissen, was erhöhter Fernsehkonsum mit (Kinder-)Hirnen macht, und ich befürchte, dass ich nicht die Kraft habe, verlockende Alternativen anzubieten. Andererseits möchte ich ihm seine Wünsche nicht einfach abschlagen.

Den Satz »Alles muss ich alleine machen« kann ich kaum nachvollziehen, da wir meiner Meinung nach sehr viel für ihn tun.

Abschließend möchte ich noch erwähnen, dass Finn schon immer ziemlich anhänglich war und momentan auch noch sehr ängstlich ist. Vor allem hat er Angst vor dem Alleinsein.

Vielleicht könnten Sie mir einen Tipp geben, wie ich mich ihm gegenüber verhalten soll. Über eine Antwort von Ihnen würde ich mich sehr freuen! Es tat auch gut, das alles mal aufzuschreiben.

Eine ziemlich überanstrengte Mutter

Antwort von Jesper Juul

Ich habe den Eindruck, dass zwischen Ihnen und Ihrem Sohn nahezu seit seiner Geburt ein kräftezehrender Machtkampf stattfindet.

Und wenn wir sein Verhalten und seine Worte als Botschaften an Sie verstehen, dann sagt er etwa Folgendes zu Ihnen: »Liebe Mama, ich weiß, dass du mich liebst, und ich liebe dich auch, aber könntest du bitte herausfinden, was du wirklich willst, und mir dann sagen, wofür du dich entschieden hast.« Die Botschaft Ihres Sohnes ist ziemlich eindeutig für mich: Er will, dass Sie entscheiden und es auch aushalten können, wenn Finn mit Ihrer Entscheidung nicht einverstanden und deshalb womöglich frustriert ist. So wird es immer wieder sein: Sie entscheiden, und er mag das nicht. **So ist unser »Elterngeschäft«. Es gehört dazu, sich unbeliebt zu machen. Doch die wahre Liebe Ihres Sohnes verlieren Sie damit nie!**

Im Interesse Ihres Sohnes möchte ich Ihnen vorschlagen, sich mit Ihrem Sohn zusammenzusetzen und ihm zu sagen, dass Sie mir einen Brief geschrieben haben, weil Sie nicht mehr weiterwussten. Und dass dies meine Antwort war. Wenn ich mich nicht irre, werden Sie im Gesicht Ihres Sohnes ein Lächeln entdecken.

Und Sie selbst brauchen die Unterstützung eines anderen Erwachsenen. Überlegen Sie einmal, ob Sie eine gute Freundin oder Familienangehörige haben, der Sie genug vertrauen, um Ihre Unsicherheit mit ihr zu besprechen. Diese Unsicherheit haben alle Eltern, besonders so junge Eltern wie Sie! »Wie können wir es mit unserem Kind möglichst gut schaffen?« Immer wieder kommen Eltern dann auf die Idee, die gute elterliche Führung an das Kind abzugeben, indem sie das tun, was das Kind will. Aber Kinder wissen, was sie wollen, und nicht, was sie brauchen. Ich wünsche Ihnen viel Glück!

Mit einigem zeitlichen Abstand sieht es die damals überanstrengte Mutter so:

Heute muss ich über meine Sorgen und Probleme ein bisschen schmunzeln. Sie waren anstrengend und zermürbend und manchmal auch einfach nur zum Verzweifeln. Aber ich hätte es mir und uns durchaus leichter machen können. Das ist eine der vielen Sachen, die ich aus unserem »Machtkampf« lernen durfte: das Leben gelassener nehmen.

Ja, wir haben einen Machtkampf geführt. Ich wäre meinem Sohn besser damals schon auf Augenhöhe begegnet, als mit ihm bzw. gegen ihn und sein Verhalten zu kämpfen. Wäre besser empathischer mit ihm und auch mit mir gewesen und hätte die Bedürfnisse hinter dem Verhalten aufgedeckt und verbalisiert.

Seine und meine Bedürfnisse, da muss ich Jesper Juul absolut recht geben. Das hätte uns sicher viele Situationen erleichtert. Gerade Gemaule und Gemeckere, generell »unerwünschtes« Verhalten, sind ja lediglich ein Ausdruck unerfüllter Bedürfnisse. Wie hilfreich ist es doch, wenn jemand die Unzufriedenheit dahinter hört und einfach verständnisvoll da ist: »Hey, du bist gerade echt unzufrieden, stimmt's? Magst du mir sagen, warum?« Und schon sind wir im Gespräch. Raus aus dem Kampf und wieder in Beziehung.

Was nicht heißt, dass wir es genauso machen, wie es das Kind will. Es geht vielmehr darum, ein Miteinander zu gestalten, in dem sich alle gesehen, angenommen und wertgeschätzt fühlen. Es geht darum, sich mit sich selbst auseinanderzusetzen und die Verantwortung vom Kind zu nehmen. Wir Eltern sollten uns immer wieder bewusst machen, dass wir für die Beziehungsqualität verantwortlich sind.

Außerdem durfte ich lernen, darauf zu vertrauen, dass mein Sohn »sein Ding« schon macht. Dazu gehört eben auch, mal falsche Entscheidungen zu treffen. Je mehr ich mich in »sein Ding« eingemischt habe, desto mehr hat er sich dagegen gewehrt. Er wollte selbst bestimmen. Schön. Aber ich häng ja nun mal an vielen seiner Entscheidungen dran – mit allem, was meine Person ausmacht. Selbstbestimmung kann also nicht bedeuten, dass das Kind alles alleine entscheidet, während sich die Eltern gar nicht einmischen.

Also, wie kann es dann gehen? Für mich heißt der Weg: kommunizieren, Bedürfnisse herausfinden, Lösungen finden und ja, auch mal aushalten, wenn mein Kind Entscheidungen doof findet. Das darf es. Das ist okay. Und ich darf trotzdem so ent-

scheiden. Für mich. Manchmal geht es nicht anders. Meiner Meinung nach ist es aber gerade dann unabdingbar, mit dem Kind in Kontakt zu bleiben und es in seinem durchaus berechtigten Frust zu begleiten.

Ich bin mir inzwischen sicher, dass es keine Pauschalantworten gibt. In Beziehungen ist immer ein Abwägen nötig. Ein Hinspüren zu dem, was alle Beteiligten JETZT gerade brauchen, was ich als Erwachsener leisten kann, wie das Kind kooperieren kann und was drum herum los ist. Es ist also wichtig, das große Ganze zu betrachten. Das kann in einem Moment heißen, dass mir das Selbstbestimmungsrecht meines Kindes wichtiger ist, selbst wenn ich mich damit gerade unwohl fühle. In einer anderen Situation kann ich das vielleicht nicht gutheißen oder aushalten, und wir müssen einen anderen Weg finden. Entscheidend dabei ist, die Verantwortung dafür zu übernehmen: »Ich kriege es gerade nicht besser hin, weil es so schwierig für mich ist. Das tut mir leid.« Beim nächsten Mal finden wir dann möglicherweise wieder eine zufriedenstellende Lösung.

Ich durfte lernen, mit dem Kämpfen aufzuhören, lieber nach kreativen Lösungen zu suchen und Finn so anzunehmen, wie er ist – und ebenso mich und Menschen im Allgemeinen. Heute kann ich sagen: Gut, dass er nie aufgegeben hat!

Ist Autonomiebestreben vererblich?

Niklas ist anderthalb Jahre alt und war von Geburt an ein Kind ohne den typischen Babyspeck, mit durchaus definierten Muskeln und einem ausdrucksstarken Gesicht.

Er hat mir von Anfang an gezeigt, dass ich alles, was ich mir als Erstlingsmutter vor seiner Geburt an Plänen zurechtgelegt hatte, gleich wieder vergessen durfte. Ich wollte zum Beispiel mindestens sechs Monate lang stillen, hatte aber leider nicht genug Milch, um dies ausschließlich zu tun. Nach drei Monaten Stillen mit Zufüttern hat mein Sohn sich einfach nicht mehr anlegen lassen, sondern bei jedem Versuch lautstark dagegen protestiert. Seine Flaschenmilch hat er zufrieden glucksend getrunken.

Mit ungefähr 6 Monaten hat er von einem Tag auf den anderen den Schnuller abgelehnt, den er vorher so gern zum Einschlafen benutzt hatte. Außerdem wollte er keine Beikost mehr, sondern das essen, was wir auch essen. Inzwischen isst er so ziemlich alles, gerne deftig und auch schon sehr schön mit Löffel oder Gabel. Er besteht darauf, auch immer ein Werkzeug in der Hand zu haben, wenn ich ihn aus Zeitgründen mal füttern möchte.

Niklas ist motorisch sehr fit und aktiv. Er hat begonnen zu klettern, bevor er richtig laufen konnte, und ist dabei äußerst unerschrocken. Er kann sich sehr gut allein beschäftigen, und wenn er sich mal wehtut, so weint er nicht und sucht auch keinen Trost, sondern »beschwert« sich nur kurz. Seit er Laufen kann, tut er dies oft in die entgegengesetzte Richtung zu mir, auch in fremder Umgebung. Er hasst es, an der Hand zu gehen. Dafür nimmt er inzwischen mich an der Hand, um mich beispielsweise zu einer Tür zu führen und mir zu zeigen, dass ich sie für ihn öffnen soll.

Niklas hat noch nie wirklich gefremdelt, sondern geht offen auf die Menschen zu und klettert bei kleinster Ermutigung auch gerne mal auf den Schoß einer netten fremden Frau. Bei Männern ist er etwas zurückhaltender, ohne wirklich ängstlich zu sein.

Seit zwei Wochen geht Niklas nun in eine Kindertagesstätte, und es klappt absolut problemlos. Er freut sich morgens sichtlich, wenn ich ihm erzähle, wo wir hinfahren, und kaum hat er seine Hausschuhe an, verschwindet er zum Spielen. Er bewegt sich in dieser Gruppe Gleichaltriger wie ein Fisch im Wasser.

So viel erst mal, um Ihnen einen Überblick zu verschaffen. Im Übrigen frage ich mich, ob das ausgeprägte Autonomiebestreben in gewissem Maße erblich ist. Mein Mann ist meinem Sohn sowohl optisch als auch vom Charakter her sehr ähnlich, und Erzählungen aus seiner Kindheit weisen ebenfalls auf eine ähnliche Veranlagung hin.

Eine neugierige Mutter

Antwort von Jesper Juul

Ich glaube, dass Sie mit Ihren Beobachtungen ins Schwarze treffen. Sie sind mit einem autonomen Kind gesegnet, das seinerseits das Glück hat, so verständnisvolle Eltern zu haben.

Ihre Frage nach der Vererbbarkeit einer solchen Veranlagung ist sehr interessant, doch leider kann ich sie nicht beantworten. Dazu wären viel mehr Eltern nötig, die ihre autonomen Kinder genau beobachten und ihre Erfahrungen im Umgang mit ihnen beschreiben. Außerdem müssten diese Erfahrungen wissenschaftlich ausgewertet werden, um einer Antwort näherzukommen.

Bislang können wir also nur spekulieren, doch im Grunde kommt es darauf auch gar nicht an.

Autonome Kinder sind, wie sie sind. Ihre Eltern müssen offen und gewillt sein, konstruktive Beziehungen zu ihnen aufzubauen. Das ist im Übrigen der Part, auf den ich spezialisiert bin, deshalb möchte ich mich hier aller Spekulationen enthalten.

Wessen Bedürfnisse sind wichtiger?

Wir haben einen 18 Monate alten Sohn, der uns manchmal sprachlos macht. Auch meine Mutter schüttelt oft lächelnd den Kopf und sagt: »Luka ist wirklich ein sehr willensstarkes Kind.« Willensstark ist meiner Meinung nach das Wort, das seinen Charakter sehr zutreffend beschreibt.

Gerne möchte ich Ihnen nun ein paar Situationen beschreiben, die mich stets mit der Frage konfrontieren, wie ich mich verhalten soll.

Wir haben ein großes Bücherregal im Wohnzimmer, von dem er weiß, dass er es nicht ausräumen darf. Dennoch versucht er es immer wieder. Wenn ich ihn ansehe und »Nein« sage, grinst er mich an. Dank Ihres Buches »Nein aus Liebe« wiederhole ich mein Nein mit Nachdruck und erkläre ihm, warum er es nicht ausräumen darf – dass es Papas Bücher sind und ich traurig wäre, wenn sie kaputtgingen.

Dann kommt Anlauf Nummer drei: Er schiebt schon mal ein paar Bücher weiter nach hinten und schaut mich herausfordernd an. Jetzt kommt mein Nein noch ernster, und um dem Nein Nachdruck zu verleihen, trage ich ihn ein Stück vom Bücherregal weg. Daraufhin wird er meist zornig und brüllt, ab und zu weint er auch – das Nein kommt also an.

Was ihn jedoch nicht daran hindert, nochmals zum Bücherregal zu gehen, ein Buch herauszuziehen und mich provozierend anzuschauen. Wenn er dies tut, gehe ich mit ihm aus dem Raum, schimpfe und sage ihm, dass ich jetzt sauer bin, weil er nicht auf mich gehört hat.

Dieser »Kampf« findet seit bestimmt einem halben Jahr mindestens einmal pro Woche statt, und ich weiß nicht, was ich anders machen kann oder warum er nicht müde wird, es weiterzuprobieren. Denn er durfte das Regal noch NIE ausräumen. Warum lässt er also nicht locker?

Nächstes Beispiel: Luka saugt für sein Leben gern. Sobald er krümelt, zieht er mich hinter sich her, um den Staubsauger zu holen. An sich wunderbar, aber er lässt sich einfach von nichts davon abbringen, sofort zu saugen – wenn wir beispielsweise Gäste haben, finde ich das schon ein wenig unhöflich …

Luka will immer machen, was ich mache, und spielt nicht allein. Ich kann beispielsweise nicht kochen und Luka in der Küche spielen lassen; er gibt sich nicht mit einer anderen Schüssel zufrieden, sondern muss unbedingt bei mir rühren. An seinen eigenen Spielsachen hat er kein Interesse, sondern spielt lieber mit anderen Dingen, sortiert Wäsche oder »handwerkelt« mit meinem Mann. Hierzu möchte ich noch anmerken, dass wir Luka ganz bewusst nicht mit Spielzeug überhäufen, um ihn nicht zu überfordern. Ich fände es einfach toll, wenn er sich mal für zehn Minuten allein beschäftigen würde. Wie kann ich das erreichen?

Ich habe die Hoffnung, dass Sie uns ein paar nützliche Tipps geben können, und freue mich auf Ihre Antwort.

PS: Vielleicht sollte ich noch erwähnen, dass Luka unser erstes Kind ist. Außerdem ist er mütter- und väterlicherseits der erste Enkel und Urenkel. Dementsprechend ist Luka der aktuelle Familienmittelpunkt, und diese Stellung ist ihm durchaus bewusst. Wenn er etwas Neues kann, führt er es vor, achtet darauf, dass alle zuschauen, und klatscht sich selbst Beifall. Das ist natürlich wahnsinnig süß und herrlich anzuschauen, aber natürlich auch der Grund, warum wir möchten, dass Luka lernt, dass nicht immer alle nach seiner Pfeife tanzen.

Eine Mutter, die manchmal immer noch sprachlos ist

Antwort von Jesper Juul

Wie bei so vielen anderen Kindern in seinem Alter hat auch Lukas Verhalten mehrere Ursachen. Eine besteht darin, dass er sich nicht immer an frühere Reaktionen von Ihnen erinnern kann, Sie ihm diese also ins Gedächtnis rufen müssen.

Außerdem muss er herausfinden, ob er Ihnen vertrauen kann, wenn Sie beispielsweise versuchen, etwas Wertvolles zu schützen, in diesem Fall die Integrität seines Vaters. Oder wenn Sie versuchen, sein Verhalten zu manipulieren, oder verschiedene Wörter benutzen – je nachdem, ob Sie zornig auf ihn oder nur irritiert über die entstandene Situation sind.

Ablenkungsmanöver sind ein alter, jedoch kein besonders guter Eltern-Trick, und Kinder, die sich durch Versprechungen und Drohungen nicht beeindrucken lassen, fallen auf diese auch nicht herein. Lassen Sie sich ruhig von Ihrem Sohn zum Staubsauger führen und sagen Sie ihm, dass es eine großartige Idee von ihm ist staubzusaugen, dass Sie es jetzt aber wichtiger finden, sich um Ihre Gäste zu kümmern.

In diesem Fall sind Ihre Bedürfnisse als Mutter wichtiger als seine Bedürfnisse. Dies ist einer jener Konflikte, in dem sich die Eltern vor Augen führen müssen, dass Kinder dieses Alters es gewohnt sind, dass ihre eigenen Bedürfnisse stets Vorrang haben, weil sie sonst gar nicht überlebt hätten. Von nun an wird Ihr Sohn ein bis zwei Jahre brauchen, um allmählich zu begreifen, dass die Bedürfnisse anderer Menschen – zum Beispiel von Eltern, Geschwistern oder Gästen – wichtiger als seine eigenen sein können.

Im Grunde geht es darum, wie Kinder die Bedeutung von Liebe verstehen. In ihren ersten beiden Lebensjahren lernen Kinder, dass Liebe bedeutet, dass andere ihre unmittelbaren Bedürfnisse befriedigen. Auch Mütter tendieren oft zu dieser Anschauung – wollen ihrem Kind also stets das geben, wonach es verlangt.

In meinem Buch »Nein aus Liebe« wird dieser Konflikt genauer beschrieben – darunter die Tatsache, dass ein Nein eine sehr liebevolle Antwort sein kann. Da Eltern aber nun mal sehr unterschiedlich sind, rate ich Ihnen dazu, in den Spiegel zu blicken und sich selbst zu fragen, was für eine Art Eltern Sie sind. Und was für eine Art Eltern Sie sein wollen.

In den meisten Fällen unterscheiden sich die Antworten dieser beiden Fragen voneinander, aber die Klärung dieser Frage wird sowohl Ihnen selbst als auch Ihrem Kind mehr Sicherheit geben.

Wie sag ich's seinen Lehrern?

Unser 9-jähriger Sohn Sebastian kam als dünner, drahtiger kleiner Mensch auf die Welt und steckte von Anfang an voller Energie. Seit er sich fortbewegen kann, tut er das mit großer Geschwindigkeit. Er ist ein unglaublich kreatives Kind mit ebenso unglaublichen Ideen, die er in rasantem Tempo verwirklicht. Seit er laufen kann, haben wir das Gefühl, ihm nur noch hinterherzurennen, weil er einen unbändigen Willen hat, die Welt zu entdecken. Wie oft sind wir schon in Panik geraten, wenn er als Kleinkind mal wieder irgendwo verschwunden war.

Mit seinem ausgeprägten Willen zur Selbstbestimmtheit war und ist er im Kindergarten und nun auch in der Schule den Erziehern oft ein Rätsel. Disziplinierungsversuche fruchten bei ihm überhaupt nicht.

Leider hatte er in den ersten beiden Jahren eine Lehrerin, die das überhaupt nicht begriffen hat – was für unseren Sohn und auch uns eine Qual war, weil sie das Netz der disziplinarischen Maßnahmen immer enger gezogen hat, um ihn zu »bändigen«.

Durch diese Art von Erziehung verlor Sebastian mehr und mehr seine Lebensfreude und sein Selbstbewusstsein. Bis dahin war er ein strahlendes Kind, das mit überbordender Neugier und Offenheit durch die Welt ging.

Darüber hinaus nässt er seit dreieinhalb Jahren (tagsüber und nachts) auch wieder ein, wobei ihm und uns bisher kein Psychologe helfen konnte. Man kommt in solchen Dingen auch ganz schwer an ihn heran.

Wir machen uns oft Gedanken darüber, dass Sebastians Autonomiebestreben für ihn auch sehr anstrengend ist. Denn in allem selbstständig zu sein, bedeutet ja auch, sich alles selbst zu erarbeiten, was ihm viel abverlangt. Außerdem ist er ja noch ein Kind und zudem ein sehr sensibles. Eines, das sich vor allem für andere Menschen einsetzt, wenn diese ungerecht behandelt werden.

Und auch wir Eltern haben schon einen langen Weg hinter uns und mit Sebastian viele erschöpfende Kämpfe geführt, aus denen wir zu lernen versuchen. Wir haben beispielsweise festgestellt, dass ihm ein geregelter Tagesablauf und feste Strukturen sehr guttun – sofern er die Strukturen an sich nicht ablehnt.

Aber wir suchen eben auch Rat, wie wir mit Sebastians Lehrern umgehen können, da diese unserer Erfahrung nach wenig Verständnis für ihn haben. Und natürlich interessieren wir uns sehr für Ihre Erkenntnisse und würden uns gerne in die »Forschung« nach neuen Wegen einbringen, damit Kinder wie Sebastian in Zukunft mehr Unterstützung erfahren.

Es grüßen Sie neugierige und kooperative Eltern

Antwort von Jesper Juul

Ihre Beschreibung von Sebastian und seinen Konflikten mit seiner Lehrerin ist typisch für autonome Kinder und für mich ein deutlicher Hinweis, dass er wahrscheinlich zu dieser Gruppe gehört. Inwieweit das mit seinem Bettnässen zu tun hat, weiß ich nicht. Es kann natürlich sein, dass er sich so sehr unter Druck gesetzt fühlt, dass er nervös wird und – drastisch formuliert – einfach sagen will: »Scheiß drauf!«

Meine erste Frage wäre, ob Sie als Eltern mit dieser Lehrerin gesprochen und versucht haben, ihr Ihr eigenes Verständnis von Sebastians Autonomie zu vermitteln. Meiner Erfahrung nach ist das oft hilfreich, um die Kooperationsbereitschaft zu wecken.

Denn Sebastian ist per se ebenso wenig ein Vorwurf zu machen wie seiner Lehrerin. Ihr Konflikt ist entstanden, weil Sebastian noch nie »so einem« Erwachsenen begegnet ist und seine Lehrerin noch nie »so einem« Kind. Deshalb müssen beide etwas dazulernen, wenn ihre Kommunikation in Zukunft gelingen soll.

Falls seine Lehrerin bereit ist, sich auf diesen Lernprozess einzulassen, werden beide gemeinsam einen Schatz heben. Falls nicht, sollten Sie in Erwägung ziehen, sich eine andere Schule zu suchen, an der die Lehrer offener und flexibler sind.

Sind eigentlich nicht alle Kinder so?

Eigentlich fällt es mir schwer, einen genauen Grund zu nennen, warum ich Sie kontaktiert habe. Auch frage ich mich, wieso ich immer wieder zu Erziehungsratgebern greife, obwohl ich eigentlich eine großartige Tochter habe.

Womit wir meiner »Grundproblematik« schon sehr nahegekommen sind: Ich habe Franziska in vielem nicht wirklich unterstützt, weil sie sowieso immer alles allein machen möchte …

Ich würde Ihnen gerne ein wenig von uns erzählen:

Meine Schwangerschaft verlief relativ unkompliziert. Ich bin alleinerziehend. Mit Franziskas Vater hatte ich eine kurze Affäre, und als ich schwanger wurde, wusste ich genau, dies ist mein Kind und mein Leben, und ohne einen Moment zu zögern, ließ ich alles auf mich zukommen.

Ihr Vater wusste anfangs nichts von der Schwangerschaft, doch als ich ihm davon erzählte, stand er zu seiner Tochter, gibt sich bis heute viel Mühe im Umgang mit der Kleinen und besucht sie regelmäßig.

Im Krankenhaus gab es eine Situation, in der meine zwei Tage alte Tochter auf meiner Brust liegt, ihren Kopf hebt und mich ansieht. Für mich war das nichts Außergewöhnliches, da ich keine Erfahrung mit Säuglingen hatte, doch jeder hat mich gefragt, ob sie das schon allein gemacht hätte – einfach den Kopf heben und sich ihre Umgebung angucken.

Das erste Jahr verlief relativ unkompliziert. Sie war ein pflegeleichtes Kind, das wenig geschrien hat und einen ausgeglichenen Eindruck machte.

Ich war eine überzeugte »Tragemami«. Ich habe Franziska sehr viel im Tuch getragen und habe den engen Kontakt zu ihr geliebt. Nur im Tragetuch konnten wir beide gemeinsam entspannen und unsere körperliche Nähe genießen, da Franziska sonst wenig kuscheln kam und nur auf Entdeckungstour war.

Da sind wir nun an einem Punkt, der mir im Zusammenleben mit ihr das Leben schwer macht. Sie hört nicht auf mich und meine Warnungen und muss alles selbst ausprobieren und testen.

Franziska ist jetzt zweieinhalb Jahre alt, lässt sich fast nie helfen, ist dank ihrer fortgeschrittenen Motorik aber zu Dingen fähig, deren Konsequenzen sie noch nicht abschätzen kann. Inzwischen hat sie gelernt, dass Pfannen heiß sind, wenn sie vom Herd kommen – aber das weiß sie erst, nachdem sie sich die Finger daran verbrannt hat.

Wenn ich am Abend von der Arbeit komme, begrüßt sie mich kurz und spielt dann weiter. Im Kindergarten, den sie zwei Mal pro Woche besucht, ist es das Gleiche. Wenn ich sie morgens abgebe, muss ich mir meinen Abschiedskuss erkämpfen, und weg ist sie. Mittlerweile schläft sie an einem Wochenende im Monat bei ihrem Vater. Auch das lief von Anfang an unproblematisch.

Sie vermisst mich dann einfach nicht beziehungsweise zeigt es nicht.

Eigentlich sollte ich froh sein, ein so unkompliziertes Kind zu haben.

Was die Quality-Time mit Franziska angeht, so habe ich gelesen, dass man kurze Sequenzen am Tag intensiver mit seinem Kind verbringen sollte. Also habe ich versucht, sie öfter mal zum Kuscheln auf meinen Schoß zu nehmen. Doch es hat nicht funktioniert, da sie keine Ruhe hat, um dort auch nur für fünf Minuten sitzen zu bleiben.

Ich glaube, ich könnte noch ewig weiterschreiben und aus dem Leben mit meiner Tochter berichten. Allerdings stelle ich mir gerade die Frage, ob ich überhaupt ein Problem habe beziehungsweise ob nicht alle Kinder mehr oder weniger so sind wie Franziska.

Eine Mutter, die nicht weiß, wie sie sich verhalten soll

Antwort von Jesper Juul

Wenn ich Ihre Beschreibung richtig verstehe, dann zweifeln Sie an Ihren eigenen Beziehungskünsten. Was auch nicht verwunderlich ist, da Sie wenig Austausch mit anderen Eltern haben, die Ihnen von ihren Erfahrungen mit ihren eigenen Kindern erzählen könnten.

Sie haben sich damals dazu entschieden, eine alleinerziehende Mutter zu sein, und jetzt sind Sie vielleicht mehr *allein* erziehend als Mutter.

Der Selbstständigkeitsdrang Ihrer Tochter scheint mir in Ihrem Fall nicht das Entscheidende zu sein. Hingegen steht für mich außer Frage, dass Sie und Ihre Tochter mehr allein sind als nötig.

Ich glaube, das Muttersein gelingt Ihnen ausgezeichnet, nur müssen Sie leider ohne Partner und ohne die Rückmeldungen anderer Erwachsener auskommen, die Sie entlasten könnten.

Vielleicht kann sich das ja in Zukunft ändern.

Höchste Zeit, den Machtkampf zu beenden

Ich habe das Gefühl, dass ich bereits seit der Geburt meines Sohnes mit ihm kämpfe. Ich bin eine sehr »späte« Mutter, und er ist mein absolutes Wunschkind. Zwei Jahre davor hatte ich eine Fehlgeburt. Als mein Sohn dann fünf Wochen zu früh auf die Welt kam und eine Woche in der Kinderklinik bleiben musste, habe ich mir große Sorgen um ihn gemacht und ihn lange Zeit sehr verwöhnt.

Sein Vater fühlte sich damals nicht für ihn verantwortlich und meinte, er könne erst etwas mit ihm anfangen, wenn er sich mit ihm unterhalten kann.

Mein Sohn ließ immer wieder Entwicklungsschritte aus, sodass er, anstatt zu krabbeln, mit 12 Monaten gleich gelaufen ist. Als er 18 Monate bis 3 Jahre alt war, habe ich mit ihm eine Spielgruppe besucht. Zu meiner großen Enttäuschung hat er bis zum Schluss bei sämtlichen Spielen nicht mitgemacht. Alle anderen Kinder entdeckten auf den Schößen ihrer Mütter neue Instrumente, machten Fingerspiele oder sonstiges – nur er verweigerte alles. Erst zu Hause wollte er dann einige der Dinge, die ihm gefallen hatten, ausprobieren.

Im Alter von 3 Jahren kam er in einen Vorkindergarten mit Waldorfpädagogik. Die Leiterin erzählte mir nach kurzer Zeit, dass die Eltern der anderen Kinder meinen Sohn als »den kleinen Professor« bezeichneten, weil er sprachlich sehr gewandt sei. Sie machte mich außerdem darauf aufmerksam, dass er im Alter von 3 Jahren zu den Erzieherinnen »Sie« und nicht »Du« sagte, und ergänzte, dass er vermutlich hochbegabt sei.

Mit 4 Jahren kam mein Sohn in einen anderen Kindergarten. Zunächst war er der Liebling seiner Erzieherin. Alles lief gut. Es gab allerdings zwei Jungen, die den Sitzkreis immer wieder störten und zur Strafe ins Büro geschickt wurden. Irgendwann begann mein Sohn auch damit, den Sitzkreis in gleicher Weise zu stören. Die Erzieherin schickte ihn ebenfalls ins Büro. Sein Verhalten wurde immer schlimmer, und die Erzieherin meinte, er sei verhaltensauffällig und wir sollten uns beim Jugendamt Hilfe holen. Als sein Vater sich von mir trennte, wechselte ich den Kindergarten. Die neue Erzieherin war fantastisch, und es gab keine Probleme mehr.

Viele Nachbarn und Bekannte gratulieren mir zu meinem wunderbaren Sohn, der sich einwandfrei benehmen und sehr gewählt ausdrücken kann. Dann bin ich immer sehr stolz auf ihn und verstehe nicht, wieso er einfach nicht auf mich hört und mich oft sehr schlecht behandelt. Genauso verhält er sich auch seinem Stiefvater gegenüber, den er eigentlich sehr gerne mag und der sich auch regelmäßig Zeit für ihn nimmt. Auf der anderen Seite hat er auf unserer Hochzeit in diesem Sommer bei allen Liedern in der Kirche die erste Strophe vorgesungen, die Fürbitten gelesen und abends für die Gäste ein tolles Gitarrenkonzert gegeben.

Er kann sehr verständnisvoll und mitfühlend sein – und trotzdem streiten wir uns jeden Tag bis zur Erschöpfung. Es beginnt morgens, wenn er erst nach dreißigminütigem Kampf endlich aufsteht, und endet abends, wenn er absolut nicht zu Bett gehen möchte. Dazwischen schaltet er ungefragt den Fernseher ein, macht, was er will, oder hört einfach nicht auf mich.

Darüber hinaus bleibt noch zu ergänzen, dass mein Sohn sehr vorsichtig im Umgang mit vielen Dingen ist und sich für sein Alter ungewöhnlich viele Sorgen macht. Beispielsweise macht er sich Sorgen über Alkohol im Parfum. Ich weiß oft gar nicht, wie er darauf kommt. Dann gab es eine lange Zeit, in der er nichts direkt aus der Hand essen wollte, um sich keine Bakterien oder Viren einzufangen. Es half nichts, wenn ich ihm sagte, er solle sich vor dem Essen einfach die Hände waschen.

Diese Punkte und sein Einnässen, das mit sieben Jahren wieder begonnen hatte, haben seinen Vater und mich vor einigen Monaten dazu bewegt, das Universitätsklinikum Tübingen, Klinik für Psychiatrie und Psychotherapie im Kindes- und Jugendalter, aufzusuchen. Auf den dortigen Rat hin, ihm damit zu drohen, dass er beim Beziehen seines Bettes helfen muss, hat unser Sohn sofort mit dem Einnässen aufgehört. Bis dahin durfte er sich in mein Bett legen, bis sein eigenes neu bezogen war.

Außerdem wurde uns eine Psychotherapie für ihn empfohlen. Wir haben bereits einen Platz. Allerdings habe ich immer das Gefühl, dass unser Sohn eine solche Therapie gar nicht braucht und es etwas ganz anderes ist, das ihm fehlt und ihn oft aggressiv oder unausgeglichen reagieren lässt.

Auf der anderen Seite frage ich mich, warum mein Sohn so schwierig ist und einfach nicht auf mich hört. Ich habe es mit

Belohnungen und mit Konsequenz und Grenzen versucht. Doch wenn ich ihm Grenzen setze, wird alles noch viel schlimmer. Dann kann es sogar passieren, dass er mich schlägt oder tritt.

Manchmal bin ich so verzweifelt, dass ich nicht mehr weiterweiß. Ich habe das Gefühl, dass er bereits im Trotzalter geboren wurde und es für immer beibehält. Er liebt es, im Mittelpunkt zu stehen, doch die viele Aufmerksamkeit, die ich ihm schenke, scheint nie genug zu sein. Ich denke, es ist an der Zeit, unseren Machtkampf zu beenden, mein Verhalten zu ändern und ihn um seine Hilfe zu bitten. Was meinen Sie dazu?

Auf einen wichtigen Streitpunkt möchte ich zum Schluss noch eingehen: Mein Sohn setzt sich immer wieder vor den Fernseher, ohne mich vorher zu fragen. Sobald ich das bemerke, schalte ich den Fernseher aus, woraufhin wir natürlich Streit bekommen. Wie kann ich mich verhalten, um diesen Konflikt zu vermeiden? Ich möchte dazu bemerken, dass er eine bis eineinhalb Stunden pro Tag fernsehen darf, wenn er mich zuvor fragt.

Ich danke Ihnen schon jetzt dafür, dass Sie meinen langen Brief gelesen haben, und bin sehr gespannt auf Ihre Antwort.

Antwort von Jesper Juul

Sie beschreiben eindrücklich, wie Ihr Sohn auf freundliche Beziehungsangebote der Erwachsenen reagiert, nämlich ebenso freundlich. Er spürt sehr genau, welchen Lehrern er vertrauen kann und welchen nicht. Was natürlich nichts mit deren Geschlecht zu tun hat, sondern nur mit der Art, wie er selbst behandelt wird. Ihr Sohn verhält sich clever, wenn er sieht, dass sich zwei Kinder dem von ihm ungeliebten Stuhlkreis im Kindergarten (durch Stören) entziehen können. Deshalb imitiert er deren Verhalten, stört selbst und landet so im Büro. Was für ihn keine Strafe, sondern die Möglichkeit ist, dem Stuhlkreis zu entkommen.

Sie schreiben: »Er kann sehr verständnisvoll und mitfühlend sein – und trotzdem streiten wir uns jeden Tag bis zur Erschöpfung. Es beginnt morgens, wenn er erst nach dreißigminütigem Kampf endlich aufsteht, und endet abends, wenn er absolut nicht zu Bett gehen möchte.«

Ich denke, es ist langsam an der Zeit, dass Ihr Sohn die Verantwortung dafür selbst übernimmt und dafür sorgt, dass er rechtzeitig ins Bett geht und rechtzeitig aufsteht. Es wird eine Weile dauern, bis sich das eingespielt hat, aber jetzt ist er durchaus alt genug, um diesem Teil seiner Eigenverantwortung gerecht zu werden. Geben Sie ihm Zeit und setzen

Sie ihn nicht unter Druck, wenn es nicht sofort gelingt. Ich bin sicher, dass er es schließlich gut hinbekommen wird.

Des Weiteren schreiben Sie: »Ich denke, es ist an der Zeit, unseren Machtkampf zu beenden, mein Verhalten zu ändern und ihn um seine Hilfe zu bitten.« Ich bin überzeugt, dass dies eine sehr gute Idee ist. Damit signalisieren Sie ihm: Du machst nichts falsch, ich habe dich nur nicht verstanden! Und Sie übernehmen zugleich die Verantwortung für die Qualität Ihrer Beziehung, die Sie in Zukunft als weniger strapaziös empfinden werden.

Sie schreiben auch: »Auf der anderen Seite frage ich mich, warum mein Sohn so schwierig ist und einfach nicht auf mich hört. Ich habe es mit Belohnungen und mit Konsequenz und Grenzen versucht. Doch wenn ich ihm Grenzen setze, wird alles noch viel schlimmer. (…) Ich habe das Gefühl, dass er bereits im Trotzalter geboren wurde und es für immer beibehält.«

Kinder wie Ihr Sohn, die in besonderem Maße auf ihre Autonomie bestehen, lassen sich nicht durch (als Konsequenz getarnte) Strafen beeindrucken oder durch Grenzen steuern – sie lassen sich auch nicht durch Belohnungen kaufen. Außerdem geht es ihm gar nicht um Trotz, sondern darum, sich nicht fremdbestimmen zu lassen.

Was können Sie als Eltern tun? Ich empfehle Ihnen: Bieten Sie Ihrem Sohn Liebe und Zuneigung an und drängen Sie ihm diese nicht auf! Sprechen Sie mit ihm, wie mit einem wesentlich älteren Kind. **Gehen Sie aufrichtig und authentisch mit ihm um – keine Tricks! Stattdessen klare Ansagen, statt zu manipulieren.**

Sprechen Sie offen an, was wie passieren soll, damit sich Ihr Sohn darauf einstellen kann. Lassen Sie ihn möglichst viel selbst machen und unterstützen Sie ihn darin, immer mehr Selbststeuerung zu entfalten. Vermeiden Sie Machtkämpfe. Muten Sie Ihrem Partner zu, dass Sie Ihr Verhalten gegenüber Ihrem Sohn ändern: »Früher habe ich meinen Sohn anders behandelt. Das hat nicht gut funktioniert, deshalb möchte ich mein Verhalten jetzt ändern.«

Was eine mögliche Psychotherapie angeht, kommt es mir so vor, als wisse Ihr Sohn selbst genau, ob Gespräche mit einem Therapeuten für ihn Sinn machen oder nicht – deshalb könnte es für ihn durchaus hilfreich sein, solche Gespräche zu beginnen. Wenn er zu dem Therapeuten oder der Therapeutin jedoch keinen Draht entwickeln kann, sagen Sie ihm, dass er die Gespräche jederzeit beenden kann.

Was die Organisation der Fernsehzeiten angeht, sagen Sie ihm, dass er es in den nächsten Jahren selbst schaffen muss, seine Fernsehzeiten einzuhalten. Bis ihm das gelingt, übernehmen Sie das für ihn und schalten den Fernseher nach einer bis anderthalb Stunden für ihn aus.

Sie schreiben, es sei an der Zeit, Ihr eigenes Verhalten zu ändern und ihn um seine Hilfe zu bitten. Besser hätte ich es selbst nicht sagen können! Tun Sie das! Und wenn Sie dabei etwas Unterstützung brauchen, kann Ihnen vielleicht eine Familylab-Trainerin in Ihrer Nähe etwas Inspiration geben.

Wie erklärt man Kindern, dass gewisse Dinge unumgänglich sind?

Wir sind stolze Eltern einer 13 Monate alten Tochter, die sehr selbstbestimmt ist. Von Beginn an weiß sie, was sie will und was nicht. Erst wenige Minuten alt, sah sie mir in die Augen, als wollte sie ergründen, bei wem sie da gelandet sei.

Sie ist sehr willensstark und lässt sich durch nichts ablenken oder irritieren. Seit sie mobil ist, möchte sie nicht mehr kuscheln, sich jedoch gern von uns an einen selbst gewählten Ort tragen lassen.

Wir versuchen seit jeher, auf ihre Belange einzugehen und sie in ihrer Individualität zu unterstützen. Leider ist das schwieriger geworden, weil sich ihre Interessen in gewissen Lebenslagen nun mal von unseren unterscheiden. Beispielsweise ist das Wickeln zu einer großen Kraftanstrengung für mich geworden und Ausfahrten mit dem Kinderwagen sind so gut wie unmöglich. Natürlich möchte ich ihre Abneigung gegenüber dem Kinderwagen respektieren, doch manchmal ist es halt unumgänglich, dass sie doch eine Weile darin sitzen muss.

Mir ist klar, dass sie den Grund dafür nicht verstehen kann, und hier liegt auch meine Sorge: Wie kann ich einem so kleinen Kind vermitteln, dass ich es verstehe, wenn es nicht gewickelt werden oder im Wagen sitzen möchte, es zu diesem Zeitpunkt aber unumgänglich ist, ohne dass die Situation zu einem Machtkampf ausartet?

Ich weiß nicht genau, was ich mir von meiner Nachricht erwarte, wollte aber die Chance nutzen und mich mitteilen.

Herzliche Grüße von zwei stolzen und zufriedenen Eltern, die nur manchmal ein kleines Problem haben

Antwort von Jesper Juul

Sie können mit einem kleinen Kind genauso sprechen wie mit einem größeren. Ihre Tochter wird an der Klangfarbe Ihrer Stimme und dem freundlich erklärenden Ton spüren, dass sie gesehen und respektiert wird. Im Laufe der Zeit wird sie auch begreifen, dass diese Prozedur manchmal unumgänglich ist. Sie wird sich jedoch weiter dagegen wehren, und das ist auch total in Ordnung.

Aber machen Sie daraus keinen Machtkampf! Denn Ihre Tochter kämpft gar nicht um die Macht, sondern will Ihnen nur zeigen, was sie mag und was nicht. Und wenn wir Erwachsene unseren Kindern vermitteln, dass es auch uns nicht um Macht geht, sondern wir gemeinsam überlegen, was wir in welcher Situation tun können, ist bereits viel gewonnen. Auch weil wir Erwachsenen dadurch merken, was wirklich sein »muss« und was nicht.

Ihre Tochter ist verständlicherweise frustriert, wenn sie etwas ertragen muss, das ihr zuwider ist. Das können Sie ihr gegenüber auch freundlich beschreiben, ohne deswegen ein schlechtes Gewissen haben zu müssen: »Ah, verstehe, du magst nicht gewickelt werden, aber wir sind gleich fertig… Oder wir probieren es mal anders, wie ist das für dich?«

Kleine Kinder, die einfach nicht gewickelt werden wollen, kommen manchmal sehr schnell ohne Windeln zurecht. Vielleicht ist das bei Ihrer Tochter ja auch der Fall, und das Problem löst sich schnell in Wohlgefallen auf.

Trotzdem bleibt so einiges, was unsere Kinder nicht mögen, wie etwa sich im Auto anzuschnallen. Dabei hilft es sehr, wenn Sie diese nicht verhandelbaren Situationen auch als solche beschreiben und freundlich durchsetzen: »Ich weiß schon, das magst du gar nicht, aber jetzt schnalle ich dich an, weil das sein muss.«

In solchen und ähnlichen Fällen müssen wir Erwachsenen aufpassen, Situationen nicht als »lebenswichtig« darzustellen, wenn sie es nicht sind – denn so verlieren wir an Glaubwürdigkeit. Vielleicht gibt es manchmal doch eine Alternative zum Kinderwagen.

Sie sollten sich stets vor Augen halten, dass sich Ihre Tochter nicht *gegen Sie* wehrt, sondern *für sich selbst* eintritt! Aus dieser Erkenntnis heraus lassen sich viele Situationen viel entspannter angehen. Außerdem ersparen Sie ihr, irgendwann frustriert aufzugeben, weil sie sich unterordnet.

Wie entwickeln sich autonome Kinder als Erwachsene?

Ich bin durch einen Artikel in GEO Kompakt auf Ihre Arbeit aufmerksam geworden.

Ich habe zwar keine eigenen Kinder, doch beim Lesen über »autonome Kinder« habe ich mich gefragt, wie ein solches Kind sich wohl als Erwachsener entwickeln wird. Mir ist klar, dass es unendlich viele Faktoren gibt, die diese Entwicklung beeinflussen und dass es daher keine Standardantwort geben kann.

Es geht mir auch eher darum, ob die Entwicklung solcher Kinder schon mal bis ins Erwachsenenalter hinein verfolgt wurde oder nicht. Ich frage mich dies aus dem einfachen Grund, weil ich das Gefühl habe, mindestens einen solchen Erwachsenen zu kennen. Muss man mit so einem Erwachsenen dann ebenso umgehen wie mit einem autonomen Kind? Oder entwickelt ein Kind mit dieser Veranlagung als Erwachsener ein Selbstbild, das es ihm ermöglicht, gelassener mit äußerem Druck und den Erfordernissen der Umwelt zurechtzukommen?

Falls Sie hiermit Erfahrungen haben, würde ich mich sehr über eine Antwort freuen!

Antwort von Jesper Juul

Das ist eine sehr interessante Frage, die Sie da stellen: Verschwindet die autonome Veranlagung im Erwachsenenalter oder schwächt sie sich ab?

Dazu kann ich nur sagen: *Ich hoffe nicht!*

Denn wenn sie sich abschwächt, liegt das vermutlich an großen Anstrengungen der Erwachsenen gegenüber den Kindern, die mit Unterdrückung, Gehorsamsforderungen, Gewalt und Vernachlässigung einhergehen.

Ich denke, jeder Mensch – gleich welchen Alters – zeigt autonome Bestrebungen. **Jedes Kind wird mit autonomen Anteilen geboren, sucht einerseits nach Zugehörigkeit und will andererseits persönlich wachsen.** Letzteres drückt sich auch als Autonomiebestrebung aus, bei manchen stärker als bei anderen.

Alle Kinder – auch solche mit einer ausgeprägt selbstbestimmten Veranlagung – lernen im Laufe ihres Lebens, ihre Selbststeuerung zu verfeinern. Wenn die Erwachsenen in ihrem Umfeld in der Lage sind, die Kinder freundlich zu begleiten, ihren Wunsch nach Selbstbestimmtheit zu fördern und ihre Fähigkeit zur Willensstärke wertzuschätzen, dann wächst ihre Kooperationsfähigkeit. Dann sind diese Menschen ein Segen für ihre Umwelt und können ihre Potenziale, ihren Erfindergeist und ihre Originalität einbringen.

Ich denke, es ist eine gute Nachricht, dass autonome Menschen keiner Diagnose bedürfen, weil sie vollkommen normal sind. Es handelt sich um selbstbestimmte Menschen, die auf diesen Teil ihrer Persönlichkeit besonderen Wert legen. In gewissem Sinne sind es die Menschen, die es heute braucht – Menschen, die Verantwortung nicht nur für sich selbst, sondern auch dafür übernehmen, welche Folgen ihr Handeln für die Welt hat. Menschen, die aufgrund Ihres Wunsches nach Selbstbestimmtheit die Autonomie anderer respektieren und fördern können.

Sie fragen: »Muss man mit so einem Erwachsenen ebenso umgehen wie mit einem autonomen Kind?«

Die Antwort darauf ist ein klares Ja! Auch Kinder sind »richtige« Menschen und haben das absolute Recht, Gleichwürdigkeit zu erfahren. Natürlich haben sie nicht die gleichen Voraussetzungen wie die Erwachsenen, sondern brauchen Orientierung und deren Begleitung, aber sie sind von *gleicher Würde*, wie ich in meinen Büchern schon so oft beschrieben habe.

Und ein gleichwürdig behandeltes Kind entwickelt ebenso wie ein gleichwürdig behandelter Erwachsener ein gesundes Selbstwertgefühl und erweitert stetig die Palette seiner Aktionen und Reaktionen.

Ein anderer Ausdruck von Liebe

Meine 2-jährige Tochter ist mit an Sicherheit grenzender Wahrscheinlichkeit ein selbstbestimmtes Kind. Ich habe schon so oft gedacht, dass ich mich falsch verhalte und sie aus irgendeinem Grund nicht so lieben kann wie meinen 3-jährigen Sohn. Doch inzwischen glaube ich, dass sie sich gar nicht anders verhalten kann, weil dies nun mal ihrer Veranlagung entspricht.

Sie will eben nicht so oft kuscheln und auch keine Hilfe in Anspruch nehmen. Nur dass ich bisher dachte, dass es ein Ausdruck von Liebe ist, wenn man sich in den Arm nimmt und wenn Mama beim Schuhe anziehen hilft usw. Aber sie will das einfach nicht. Was ja nicht heißt, dass sie mich nicht liebt oder ich sie nicht liebe.

Sie ist ein tolles Kind! Sie ist unglaublich selbstständig und weit für ihr Alter. Das liegt vor allem an ihrem unbedingten Willen, alles selber zu machen.

Inzwischen bin ich davon überzeugt, dass es autonome Kinder gibt, und würde mich sehr freuen, mehr über dieses Thema zu erfahren und mich mit anderen Eltern darüber auszutauschen.

Eine Mutter, die nach ersten Zweifeln sehr erleichtert ist

Antwort von Jesper Juul

Sie haben ja bereits damit begonnen, die Autonomie Ihrer Tochter zu erforschen. Denn im Gegensatz zu Diagnosen wie ADHS und dergleichen richtet sich die Erkenntnis, ein selbstbestimmtes oder autonomes Kind zu haben, im Wesentlichen nicht auf das Kind, sondern auf uns selbst.

Wenn ich davon ausgehe, dass ich ein autonomes Kind habe, bedeutete das nicht, dass dem Kind irgendwelche Pillen verschrieben werden müssen oder es gefälligst sein Verhalten zu ändern hat. Es bedeutet hingegen, dass wir Erwachsenen die Anpassungsleistung zu erbringen haben.

Wenn wir als Eltern, Erzieherinnen oder Lehrerinnen erkennen, dass ein Kind eine andere Sprache spricht, als wir es gewohnt sind, dann sollten wir versuchen, diese neue Sprache zu erlernen, und erst einmal einräumen, dass wir dieses Kind mit unserer gewohnten Sprache nicht erreichen. Doch dies ist für viele pädagogisch geschulte Menschen wie auch für viele Eltern ein völlig neuer Ansatz.

Traditionellerweise soll das Kind »folgen«, also gehorchen. Tut es das nicht, fühlen sich die Eltern schuldig, und die Pädagogen halten dem Kind sein angebliches Fehlverhalten vor Augen.

Dabei wäre es so einfach, sich darüber Rechenschaft abzulegen, was man bisher versucht und ob dies funktioniert hat. Lautet die Antwort Nein, sollten wir uns fragen, wie wir dem Kind gerecht werden und zu ihm eine gleichwürdige Beziehung aufbauen können.

Dass Ihre Tochter vieles selber machen will, bedeutet eben nicht, dass sie Sie nicht liebt. Es bedeutet, sie will es selber machen. Sonst nichts. Wenn dieser Wunsch nach Unabhängigkeit und Selbstbestimmung auch über diese erste Selbstständigkeitsphase hinweg erhalten bleibt – also auch nach dem vierten bis fünften Lebensjahr –, dann haben Sie tatsächlich eine autonome Tochter.

Die Briefe in diesem Buch, die auch zeigen, wie verschieden die Phänomene sind und wie unterschiedlich damit umgegangen wird, könnten für Sie der Beginn eines Austauschs mit anderen Eltern sein.

Ja, es ist ein Ausdruck von Liebe, wenn Sie Ihr Kind in den Arm nehmen. Aber Sie sind alles andere als eine schlechte Mutter, wenn Sie Ihre Tochter zuvor um Erlaubnis fragen und ihre Antwort respektieren.

Sie sind vielmehr eine gute Mutter, weil Sie auf die Besonderheiten und die Bedürfnisse Ihrer Tochter Rücksicht nehmen!

Zwei Erwachsene gegen ein Kind

Mein Sohn Henry ist fast siebeneinhalb Jahre alt, und nach allem, was ich bisher über selbstbestimmte Kinder gehört habe, scheint er mir ein »klassischer« Fall zu sein. Hier einige unserer Erfahrungen mit ihm:

Bei seiner ersten Untersuchung im Krankenhaus hat er es bereits geschafft, seinen Kopf in Bauchlage eine Zeit lang oben zu halten. Der Arzt sagte uns, dass dies nicht viele Säuglinge können würden. Wenn er geweint hat, habe ich ihm zur Beruhigung einen Schnuller gegeben. Seit er sechs Monate alt war, hat er diesen Schnuller konsequent verweigert und war sofort schnullerfrei.

Henry ist sehr früh gekrabbelt und gelaufen. Er wollte nie auf den Arm genommen werden – schon nach kurzer Zeit wurde er unruhig und ließ sich nur damit beruhigen, dass er einen Platz auf dem Fußboden bekam. Dort strampelte er nach Herzenslust und war zufrieden.

Ihn zu wickeln war eine Herausforderung, der wir manchmal nur zu zweit gewachsen waren (2 Erwachsene »gegen« ein Kleinkind). Nach 18 Monaten hatte ich genug von diesem Kampf und ließ die Windel weg. Damit war er innerhalb von einem Tag sauber. Zu dieser Zeit konnte er noch nicht »Pipi« sagen und zeigte mir, dass er musste, indem er sich in den Schritt fasste und brummte.

Wir tragen seit jeher Machtkämpfe mit ihm aus, was an uns allen zehrt. Vom Zähneputzen übers Anziehen bis dahin, wie viel Salz er in sein Essen tut ... Seit wir Ihre Ratschläge beherzigen, funktioniert unser Zusammenleben weitaus problemloser.

Im Kindergarten begann mit den Erzieherinnen ein extremer Kampf. Sie haben versucht, ihm enge Grenzen zu setzen, was überhaupt nicht funktioniert hat. Zum Teil setzt sich dieser Kampf nun in der Schule fort. Alle Bestechungsversuche und sogenannten Konsequenzen (wohl eher Strafen) sind weitgehend wirkungslos geblieben. Das wundert mich inzwischen nicht mehr.

Meine Frage ist nun, wie ich der Lehrerin helfen kann, besser mit ihm umzugehen. Welche Ratschläge kann ich ihr geben?

Henrys Mutter

Antwort von Jesper Juul

Ich glaube, Sie können der Lehrerin am besten helfen, wenn Sie Ihre Erfahrungen, die Sie mit Ihrem Sohn gesammelt haben, empathisch mit ihr teilen. Sie haben am Anfang ja ähnliche Schwierigkeiten gehabt wie sie und können sich noch erinnern, wie frustrierend das manchmal war. Vermutlich kann man dieser Lehrerin am besten so helfen, wie man auch autonomen Kindern hilft.

An Ihrer Stelle würde ich also einfach folgende Worte an sie richten: »Wir haben ähnliche Erfahrungen mit unserem Sohn gemacht wie Sie. Sind Sie an unseren Erfahrungen interessiert?«

Wenn die Frau Ja sagt, dann können Sie Ihre Erfahrungen mit ihr teilen und darauf vertrauen, dass sie davon profitiert. »Es kommt mir so vor, als ob sich hier in der Schule das wiederholt, was wir auch bei uns in der Familie erlebt haben.«

Sie müssen Ihren Sohn also gar nicht verteidigen, sondern können sich darauf konzentrieren, seiner Lehrerin den Rücken zu stärken.

Erzählen Sie ihr beispielsweise von Ihren Schwierigkeiten, Henry zu wickeln, und von dem Kampf zweier Erwachsener gegen ein kleines Energiebündel. Wie viel Mühe es Sie gekostet hat, »gegen« das Kind zu handeln, und wie leicht es Ihnen fiel, mit ihm »zusammenzuarbeiten«.

Vielleicht wird die Lehrerin von Zeitmangel und Lehrplänen sprechen, vielleicht aber hilft ihr dieses Gespräch mit Ihnen auch, um langsam einen anderen Blick auf Henry und die anderen Kinder zu bekommen. Das wäre für alle ein Gewinn!

Die besten Eltern der Welt

Ob es sich bei unserer Tochter um ein selbstbestimmtes Mädchen handelt, vermag ich nicht zu beurteilen. Da sie unser erstes und bisher einziges Kind ist, habe ich auch nicht sehr viel Erfahrung. Meine Schwester ist der Meinung, dass sie sich wie alle Babys und Kinder verhält und lediglich von ihrem Charakter her etwas temperamentvoller ist, was das Durchsetzen ihrer Wünsche angeht.

Und tatsächlich frage ich mich, ob nicht alle Babys »autonom« geboren werden, diese Autonomie mit der Zeit jedoch aufgrund der Behandlung, die wir ihnen angedeihen lassen, verloren geht. Wobei ich das Wort »Autonomie« als instinktives Verhalten verstehe, das den noch hilflosen Säuglingen angeboren ist, um das eigene Überleben und die Befriedigung ihrer Bedürfnisse zu sichern. Gehen die Bezugspersonen nicht auf dieses Verhalten ein, geht es mit der Zeit eben verloren. Das sind so Überlegungen meinerseits, die ich mir seit der Geburt unserer Tochter gemacht habe – eine wissenschaftliche Bestätigung habe ich allerdings nicht dafür.

Nun zu unserer Tochter: Mein Mann und ich haben uns sehr

über die Schwangerschaft gefreut. Wir waren zu diesem Zeitpunkt bereits seit elf Jahren ein Paar und seit zwei Jahren verheiratet. Bereits während der Schwangerschaft haben wir oft und auch mittels Haptonomie mit dem Kind Kontakt aufgenommen. Dann kam unsere Tochter Sara schließlich per Hausgeburt auf die Welt.

Sara fiel schon sehr früh durch ihre aufgeweckte und sehr aktive Art auf. Sie hat einen schier unbändigen Bewegungsdrang und scheint die Welt im Eiltempo erobern zu wollen. Sie krabbelt, seit sie 6 Monate alt ist.

Ebenfalls konnte sie uns schon frühzeitig klarmachen, was sie will beziehungsweise was sie nicht will. Ich habe sie zum Beispiel von Anfang an gestillt, doch nach einigen Wochen wollten wir ihr meine Muttermilch hin und wieder per Flasche geben, da sie etwa alle zwei Stunden gestillt werden wollte und ich mir dadurch Entlastung durch meinen Mann erhoffte. Doch unsere Tochter verweigerte die Flasche jedes Mal überdeutlich und voller Empörung, sodass wir es schnell wieder aufgeben mussten.

Ähnlich erging es uns, als wir zufüttern wollten. Unsere Tochter verweigert Brei jeder Art und nimmt bis heute hauptsächlich die Brust. Wenn sie isst, dann nur, was sie will und wann sie will. Sie möchte auch nicht gefüttert werden, sondern mit ihren eigenen Händen essen.

Manche Menschen sagen, wir haben unsere Tochter von Anfang an zu sehr verwöhnt und hätten sie ruhig mal schreien lassen sollen. Ich habe sie von Anfang an viel am Körper getragen und dort schlafen lassen. Nachts schläft sie immer noch bei uns im Bett, und ich habe stets versucht, ihre unmittelbaren Bedürfnisse zu befriedigen. An schlechten Tagen bekomme ich jedoch

Selbstzweifel und frage mich, ob ich bisher alles richtig gemacht habe, ob ich in der Schwangerschaft zu viel Stress hatte oder vielleicht zu viel Kaffee getrunken habe oder was auch immer dazu geführt haben mag, dass unsere Tochter so ist, wie sie ist.

An guten Tagen hingegen bin ich davon überzeugt, dass ich als Mutter immer mein Bestes gegeben habe, dass ich meine Tochter so annehme und sein lasse, wie sie ist, und dass es mir egal ist, was andere Menschen über uns denken.

Ich würde mich sehr über eine Antwort von Ihnen freuen.

Die stolzen Eltern von Sara

Antwort von Jesper Juul

Ich glaube, wir haben von dem Begriff »autonom« unterschiedliche Vorstellungen. Wenn ich das richtig verstehe, sind Sie der Meinung, dass alle Kinder autonom geboren werden. Meiner Erfahrung nach werden alle Kinder »abhängig« geboren und sind darauf angewiesen, dass ihre Bedürfnisse gesehen, gehört und verstanden werden (das nennen wir Empathie).

Ich möchte Ihnen vorschlagen, mein kleines Buch »Nein aus Liebe« zu lesen. Die dänische Originalausgabe trägt den Titel »Die Kunst, Nein zu sagen – mit gutem Gewissen«. Darin geht es vor allem um dieses gute Gewissen!

Hier ein paar wichtige Gesichtspunkte, die Sie in Ihren Überlegungen berücksichtigen könnten:

Kinder haben keine Vorstellung davon, dass ihre Eltern klare persönliche Grenzen haben, die sich von ihren eigenen unterscheiden. **Deshalb überschreiten Kinder die Grenzen der Erwachsenen andauernd. Durch unsere Worte, Blicke und Gesten lernen die Kinder. So funktioniert elterliche Führung.**

Wenn Ihre fast zweijährige Tochter also auf Ihren Schoß klettert, weil sie Ihre Brille sehr interessiert und sie Ihnen die Brille vom Kopf ziehen will, schauen Sie sie freundlich an und sagen ihr: »Hör mal, ich will nicht, dass du die Brille anfasst. Kannst du das für mich tun?«

Wahrscheinlich will sie dann mit Ihnen spielen, schüttelt den Kopf und sagt Nein – womöglich mit einem verschmitzten Lächeln. Dann umarmen Sie sie, geben ihr einen Kuss und setzen sie mit einem freundlichen »Danke!« neben sich auf den Boden. Ist die Sache damit beendet? Nein, natürlich nicht. Kinder lernen und verinnerlichen ihre Erfahrungen durch Wiederholungen.

Auf diese Art von verlässlicher Führung sind sie angewiesen. Denn sie lieben ihre Eltern ohne jeden Vorbehalt, und alle Kinder finden, dass sie die besten Eltern der Welt haben. **Verlässliche Führung mit persönlicher Autorität bedeutet, dass sich das Kind darauf verlassen kann, dass wir wissen, was wir tun – und dass wir es zum Wohle der Gemeinschaft tun.**

Um verlässlich und gleichwürdig führen zu können, sollten wir uns vergegenwärtigen, dass Kinder entsprechend den Verhaltensmustern ihrer Eltern kooperieren. Dieses Nachahmen des elterlichen Verhaltens wird jedoch nicht immer als ein wertvoller Beitrag der Kinder angesehen. Wenn der Papa beispielweise die Mama anschreit (oder umgekehrt) und das zur Folge hat, dass der kleine Junge seine Schwester anschreit, bekommt dieser in der Regel zu hören, er solle nicht schreien, sondern seine Meinung mit ruhiger Stimme zum Ausdruck bringen.

Den Willen zu Selbstständigkeit sollten wir in jedem Fall unterstützen. Die erste Selbstständigkeitsphase – oft fälschlicherweise als »Trotzphase« bezeichnet – ist die erste Möglichkeit des Kindes, sich einen eigenen Raum zu erobern und eine aktivere Beziehung zu seinen Eltern aufzubauen. Jetzt ist es für die Eltern an der Zeit, eine gute Balance zwischen ihrer Selbstbezogenheit (Wie würde ich mein Kind gerne sehen?) und ihrer Offenheit (Wie erlebe ich mein Kind tatsächlich?) zu finden.

Wenn sich Eltern als wertvoll empfinden, bedeutet das noch lange nicht, dass ihr Kind das auch so erlebt. **Das Gefühl, wertvoll für seine Eltern zu sein, stellt sich für das Kind erst ein, wenn das, was es zu geben hat, von diesen spürbar angenommen und gewürdigt wird. So stärken wir das Selbstgefühl unseres Kindes.**

Dass Sie als Mutter stets Ihr Bestes geben, daran zweifle ich nicht im Geringsten. Und sollten sie dies selbst manchmal tun, dann können Sie sich mit folgender Erkenntnis trösten: Kinder brauchen keine perfekten Eltern, die über jeden Zweifel erhaben sind, sondern authentische Menschen aus Fleisch und Blut, die nicht alles wissen, sondern stets bereit sind, sich weiterzuentwickeln.

Auf diesem Weg wünsche ich Ihnen und Ihrer Familie alles erdenklich Gute.

Nachruf von Mathias Voelchert

Lieber Jesper,

leider erlebst du die Veröffentlichung deines Buches, an dem wir über drei Jahre zusammen gearbeitet haben, nicht mehr. Es war für mich eine gute Zeit mit dir in Dänemark – einerseits kam es mir immer wie Urlaub am Meer vor, andererseits haben mich dein Leid und deine ständigen, in ihrer Intensität unvorhersehbaren Schmerzen sehr bedrückt.

In den letzten Jahren haben wir uns neben der Zusammenarbeit an diesem Buch über selbstbestimmte Kinder auch immer wieder zum Kurs »Familienberatung« im dänischen Norsminde getroffen. Es war für die Kursteilnehmerinnen ein unvergessliches Erlebnis, dich – wenn auch nur kurz – in deiner ganzen Klarheit und Ausstrahlung zu erleben. Zu sehen, mit welcher Kraftanstrengung das Lehren für dich verbunden war, wie sehr es dich aber auch mit Freude erfüllte. Ende Mai 2019 haben wir uns das letzte Mal gesehen. Ich hätte damals nicht gedacht, dass es unsere letzte Umarmung sein würde.

Mir fallen diese Worte ein, die mir ein Seminarleiter geschrieben hat: »Es gibt immer Raum für einen kraftvollen Mann, und er schafft Platz für eine Menge anderer Menschen. Jesper Juul war ein kraftvoller Mann, und er öffnete den Raum für viele von uns, die diesen Raum auf ihre Art und Weise ausfüllen und inspirieren werden.«

Wie alles begann: Anfang 2006 hatte ich das Buch »Was Familien trägt« gelesen, das zeitgleich mit meinem eigenen Buch »Trennung in Liebe« im Kösel-Verlag erschienen war. Ich war von dem Buch so angetan, dass ich seinen Autor unbedingt kennenlernen wollte.

»Du schreibst das über Familien, was ich über Paare geschrieben habe«, waren meine ersten Worte, als wir uns in Salzburg erstmals trafen. Jesper Juul präsentierte seiner Ausbildungsgruppe dort sein neues Projekt: eine »familylab« genannte Familienwerkstatt, die Familien beraten sowie Vorträge und Seminare anbieten sollte. Aus der Gruppe konnte sich damals noch niemand dieses Projekt vorstellen. Als Jesper mich fragte, das Projekt zu übernehmen, zögerte ich nicht lange, und wir wurden uns schnell einig.

So gründete ich also im März 2006 »familylab – die Familienwerkstatt« in Deutschland und baute die Website familylab.de auf. Ein großes Abenteuer nahm seinen Anfang …

Erste Vorträge mit Jesper fanden im Herbst 2006 statt. Im Februar 2007 leitete er in München das erste familylab-Seminarleiterinnen-Training, an dem 33 Personen teilnahmen. Im Jahr 2012 veranstaltete ich das letzte von 13 Seminaren mit Jesper Juul, danach wurde er krank.

»Die Qualität von Eltern bemisst sich nicht nach den Regeln, die sie ihren Kindern vorgeben, sondern nach der Art ihrer Reaktion, wenn diese Regeln gebrochen werden.«

Dieses Jahr findet das 25. familylab-Seminarleiterinnen-Training und der achte Familienberatungskurs statt – ohne ihn als Person, aber immer in seinem Geist, dem Geist der Gleichwürdigkeit. Schon in den Jahren 2008–2012 habe ich mit erfahrenen Kolleginnen zusammen die Hälfte der Kurse geleitet. Eigentlich hatten wir einen langsamen Übergang geplant – dass er so abrupt geschah, machte uns alle traurig.

Während unserer gemeinsamen Autofahrten haben wir im Laufe der Jahre Tausende von Kilometer zurückgelegt und ungezählte Veranstaltungen absolviert. In zahllosen Stunden lernte ich seine Sicht auf Familien kennen. An zig Abenden haben wir uns von unserer Jugend und unserem Leben erzählt und dabei stets Berufliches und Privates voneinander getrennt.

Immer wieder mache ich heute eine Flasche Grauburgunder auf und trinke, in Erinnerung an unsere gemeinsame Zeit, ein Gläschen auf Jesper mit. Als große Spargelliebhaber haben wir den Ort unserer nächsten Übernachtung meist von einer Speisekarte abhängig gemacht, die in dieser Hinsicht etwas zu bieten hatte. Es war eine anstrengende und schöne Zeit.

Ein Journalist fragte mich einmal, ob ich mein Konzept in drei Sätzen erläutern könnte. Meine Antwort bestand in einem einzigen Wort: *Gleichwürdigkeit*!

Jesper Juul hat dieses Wort erfunden: von gleicher Würde, aber eben nicht gleich! Eltern und Kinder, argumentierte er stets, sind nicht »gleich«, weil die Eltern die Führungsrolle innehaben, über mehr Lebenserfahrung verfügen und die Verantwortung für die Qualität der Beziehung tragen.

Gleichwürdigkeit hat durchaus eine gesellschaftliche Dimension. Denn wenn in der Keimzelle der Gesellschaft – der Familie – immer mehr Gleichwürdigkeit praktiziert wird, wird das unsere Gesellschaft in den nächsten zehn bis zwanzig Jahren spürbar verändern. Weil Erziehung eben Gesinnung prägt, wie der deutsche Kinderarzt und Autor Herbert Renz-Polster darlegt. Eine Erziehung zu gleicher Würde sollte uns alle – Politiker, Unternehmer und andere Entscheidungsträger – dazu befähigen, eine Gesellschaft zu schaffen, in der für Raffsucht, Ausbeutung und Umweltzerstörung kein Platz ist.

Könnte es wirklich so einfach sein? Nein, das ist es natürlich nicht!

In einer Gesellschaft, in der egoistisches Statusdenken und das Recht des Stärkeren dominieren, ist es besonders schwer, dem Prinzip der Gleichwürdigkeit Geltung zu verschaffen.

Vielleicht sollten wir uns zunächst vergegenwärtigen, dass Gleichwürdigkeit bei uns selbst beginnt. Wir alle müssen lernen, nicht dem Kind oder unserem Gegenüber die Schuld für das, was nicht gut läuft, in die Schuhe zu schieben. Sondern in einer persönlichen Sprache zum Ausdruck zu bringen, wie es uns geht – eine Fähigkeit, die jeder erlernen kann. Man selbst zu sein, ohne pädagogische Absicht, ohne erziehen zu wollen. Denn das »erzieht« sofort, wie wir in Hunderten von Familienberatungen erlebt haben.

Es war Jesper Juul stets wichtig, die Eltern zu erreichen. Der Freund der Kinder zu sein, auf deren Seite zu stehen, ist

»Kinder werden mit allen sozialen und menschlichen Eigenschaften geboren. Um diese weiterzuentwickeln, brauchen sie nichts als die Gegenwart von Erwachsenen, die sich menschlich und sozial verhalten.«

leicht – denn zumeist geht es ja um das Kind, wenn Eltern Hilfe und Beratung in Anspruch nehmen wollen. Und allzu oft entsteht der Eindruck, mit dem Kind stimme etwas nicht.

Häufig wollen Kinder ihre Eltern auch verteidigen und nehmen die Schuld für Konflikte lieber auf sich. *Wenn es den Kindern schlecht geht, arbeiten wir mit den Eltern* – das war Jespers Wahlspruch. Er appellierte stets an die Eltern, ihrer Verantwortung für die Qualität der Beziehung gerecht zu werden, und fand dafür ganz einfache, direkte Worte, die aus der Elternperspektive gesprochen waren: *»Irgendwie schaffe ich es als Mutter oder als Vater nicht, mein Kind einfach nur anzuschauen und festzustellen: Okay, es macht dies und das … Was kann ich tun, damit es sich anders verhält? Haben Sie eine Idee?«*

Das ist die Basis unserer Arbeit. Zu beobachten. Sich einen Eindruck zu verschaffen. Mit der Familie gemeinsam Ideen zu entwickeln. Sie zu fragen, ob unsere Rückschlüsse für sie einen Sinn ergeben. Daraus konkretes Handeln abzuleiten. Auszuprobieren, ob dieses Handeln hilfreich ist, und falls nicht, etwas Neues auszuprobieren. Niemand Schuldgefühle zu vermitteln, sondern vielmehr das Gefühl, dass jeder sein Bestes gibt.

Jesper Juul hat viele althergebrachte Erziehungsprinzipien auf den Kopf gestellt: Kinder brauchen keine Grenzen, sondern Beziehung! Eltern müssen nicht konsequent sein, sondern glaubwürdig!

Keiner hat in den letzten beiden Jahrzehnten die Erziehung in Europa nachhaltiger geprägt als er. Er war in der Lage, Eltern eine neue Identität anzubieten, die von vielen dankbar angenommen wurde – nämlich die Beziehungen in den Mittelpunkt des Familienlebens zu rücken, statt nach Erziehungstricks zu suchen. Das Positive in jeder Familie zu betrachten, statt ausschließlich auf deren Probleme fokussiert zu sein.

»Wir haben eigentlich einen ganz tollen Sohn, *aber…*« Diesem Beginn vieler Briefe folgte oft eine seitenlange Schilderung des Problems, sodass Eltern und Kinder sich schließlich selbst als Problem empfanden. Doch unbeeindruckt von der Rat- und Hilflosigkeit der Familien suchte Jesper Juul nach dem Licht im Beziehungsgeflecht. Und ich habe noch keine Familie erlebt, die ohne eine Idee, was sie verändern könnte, nach Hause gegangen wäre.

Seine Arbeit hat sich nicht darauf beschränkt, ein akutes Problem zu lösen. Jesper Juul hat immer nach hilfreichen Bestandteilen innerhalb der Beziehungen der Beteiligten gesucht. Was von allen Beteiligten dankbar angenommen wurde, denn in ihren eigenen Beziehungen kannten sie sich ja aus. Zudem hat der unvoreingenommene Blick des Experten eine Außenperspektive hinzugefügt, die Hoffnung und Stärkung verlieh.

Auf unseren familylab-DVDs »Familien mit Vorschulkindern« und »Pubertät ist eine Tatsache, keine Krankheit« (Jesper Juul arbeitet mit jeweils zehn Familien) können Sie sich ein eigenes Bild davon machen, mit welcher Klarheit er auf den Punkt kommen konnte. Großes Kino!

Wenn es keine passenden Worte für sein Anliegen gab, erfand er sie. Den Begriff der *Gleichwürdigkeit* habe ich schon angesprochen.

»Viele Eltern sind nicht daran interessiert, wie ihre Kinder wirklich denken und fühlen. Sie interessieren sich mehr dafür, wie Kinder zu denken und zu fühlen haben.«

Selbstgefühl ist ein anderes Wort. Gemeint ist etwas Ähnliches wie Selbstwertgefühl, aber nicht dasselbe. Ich möchte hier an die Definition von *Selbstgefühl* erinnern, wie sie Jesper Juul etabliert hat:

In der *quantitativen Dimension* des Selbstgefühls geht es darum, *wie viel wir über uns selbst wissen*. Unsere Gefühle, inneren und äußeren Verhaltensmuster, Gedanken und Werte. Die quantitative Dimension kann zu jedem Zeitpunkt des Lebens entwickelt werden. Dafür ist es nie zu spät.

In der *qualitativen Dimension* des Selbstgefühls geht es darum, *wie wir damit umgehen, was wir über uns wissen*. Wie wir uns emotional und intellektuell auf das beziehen, was wir über uns selbst wissen. Schämen wir uns? Sind wir voller Selbstkritik? Fühlen wir uns schuldig?

Ein gesundes Selbstgefühl bedeutet, dass es uns größtenteils recht ist, so zu sein, wie wir sind – mit all unseren Stärken und Schwächen. Es ist die quantitative Dimension (also wie viel wir über uns selbst wissen), die es für Kinder so wichtig macht, die eigenen Gefühle wahrzunehmen und auszudrücken, auch die Aggressionen.

Ob Wut, Angst, Freude, Trauer oder Enttäuschung – Kinder müssen in einer Umgebung aufwachsen, in der diese Gefühle mit Empathie begrüßt, anerkannt und respektiert werden. Dies ist der ideale Nährboden für die Entwicklung eines gesunden Selbstgefühls.

In der Pubertät tauchen all diese Gefühle in neuen und unerwarteten Formen und Zusammenhängen auf, und wenn diese Phase vorüber ist, werden sowohl die Emotionen selbst als auch ihr Wert in das Selbstbild und die soziale Kompetenz des jungen Erwachsenen integriert. Es ist daher einleuchtend, dass das Selbstgefühl der Kinder leidet, wenn die Erwachsenen zwar ihre Liebe und ihr Vertrauen schätzen, von ihren Aggressionen aber nichts wissen wollen.

Ein weiterer Begriff, den Jesper Juul geprägt hat, ist *Bonuseltern* anstelle von Stiefeltern – ein Wort, das schon alles enthält, was man wissen muss. Bonuseltern ersetzen nicht die leiblichen Eltern, sondern sind ein Bonus, etwas Zusätzliches und Gutes, das nicht in Konkurrenz zu Vater und Mutter steht, was vor allem für Patchwork-Familien von Belang ist.

»Hör auf, aus deinem Kind ein Projekt zu machen!«, war eine seiner Interventionen, die saß. Kinder sind keine »unfertigen Projekte« von uns Eltern! Der Satz, der mich in diesem Zusammenhang immer am meisten beeindruckt hat, lautet: »Das Kind ist. Punkt.«

Mach dir keine Gedanken darüber, was dein Kind werden soll. Mach dir Gedanken darüber, wer dein Kind *ist*. Das Kind muss nicht irgendwie werden, um richtig zu sein. Es muss weder unsere Erwartungen erfüllen noch unseren Projektionen entsprechen. Kinder sind. Punkt. Erst wenn wir das akzeptieren, können sie das werden, was in ihnen angelegt ist.

So weit, so gut, werden die meisten denken. Doch wenn das eigene Kind vom Gymnasium abgehen will, um eine Lehre als Schreiner zu beginnen, dann sieht die Welt für viele schon anders aus. Beispielsweise wenn der Vater An-

»Wenn die Erwachsenen nicht genug Zeit für sich selbst haben und die Eltern nicht für sich als Paar, dann widmen sie den Kindern unter Garantie zu viel Aufmerksamkeit. Kein Kind will Aufmerksamkeit. Es braucht Beziehung und will am Leben seiner Eltern teilhaben.«

walt ist und den Sohn oder die Tochter schon als Nachfolgerin seiner Kanzlei eingeplant hat. Also immer wieder: »Das Kind *ist*. Punkt.«

»Um welchen Preis willst du dein Kind zwingen?«, hätte Jesper Juul gefragt. »Bist du dir bewusst, welche Leistung dein Kind erbringt, indem es nicht mehr kooperiert? Indem es nicht das tut, was der erfolgreiche Vater so gerne will? Bist du dir bewusst, welche Kraft in deinem Kind steckt, dass es dir widersprechen kann? Es ist nicht ungehorsam, und du hast auch nicht versagt – der junge Mensch versucht nur, seinen eigenen Weg zu finden, wohlwissend, damit ein ehernes Familiengesetz zu brechen. Ich gratuliere dir zu deiner Familie!«

So oder so ähnlich liefen viele Familienberatungen mit Jesper ab. Einerseits verblüffend, anderseits so naheliegend.

Jesper Juul war mehr als ein Beobachter, er war auch ein Fährtenleger. Fährten, die von Eltern aufgespürt wurden und die ihnen Orientierung gaben. Fährten der Hoffnung, dass sie es in ihrer kleinen Familienwelt doch eigentlich ganz gut gemacht haben. Fährten des Verständnisses für ihre Sicht der Welt. Fährten der Gleichwürdigkeit, dass sie nicht recht haben, weil sie Vater und Mutter sind, sondern vielleicht deshalb, weil sie mehr Lebenserfahrung haben als ihre Kinder. Und gerade deshalb ihren Willen nicht unbedingt durchsetzen müssen, weil sie es vorziehen, mit ihren Kindern im Dialog zu bleiben.

Eine weitere wichtige Botschaft von Jesper Juul an alle Eltern ist folgende: »Das Verhalten eures Kindes hat immer einen Grund.« Es ist – auch wenn wir dies nicht immer gleich verstehen – als eine Einladung des Kindes zu verstehen: Kommt bitte in meine Welt und schaut euch an, wie es mir geht.

Viele Erwachsene können nicht zwischen Schuld und Verantwortung unterscheiden und hängen in diesem Sinne einer primitiven Denkweise an, die nur die eigene Schuld oder die Schuld des anderen kennt. Kinder sind stets davon überzeugt, dass jede Disharmonie mit ihren Eltern ihre eigene Schuld ist. Die einzige Möglichkeit, dieses zutiefst unfaire Phänomen zu ändern, ist die Bereitschaft der Erwachsenen, sich als Mitmenschen zu entwickeln.

Jesper hat mir mal erzählt, wie er zu verstehen begann, dass das Verhalten der Eltern sehr stark von ihrer Lebensperspektive sowie den Einstellungen und Erfahrungen ihrer eigenen Herkunftsfamilien abhängt. Beide Faktoren machten sie entweder offen und flexibel oder anfällig dafür, sich festzufahren. Der Schlüssel zur Lösung dieser festgefahrenen Situation ist immer der gleiche: Es ist die Fähigkeit der Erwachsenen, sich einzufühlen, und ihre Bereitschaft, das Verhalten der Kinder als sinnvolle Hinweise auf die gemeinsame Beziehung zu übersetzen.

Jesper Juul suchte Verständnis und Einsicht in die Entwicklung und das Verhalten von Kindern und war derjenige, der die unendlich schwierige pädagogische Aufgabe übernahm, Eltern, Lehrerinnen und Erzieherinnen dazu zu bringen, die lebenswichtigen Botschaften von Kindern zu empfangen und sie als eine Bereicherung des Zusammenlebens zu begreifen.

Auf meine Frage, welche Erfahrungen er mit Mobbing

»Die Beziehung zu einem Kind ist keine Einbahnstraße. Das Kind soll nicht nur entgegennehmen, was wir ihm geben wollen. Wir müssen auch bereit sein, das entgegenzunehmen, was unsere Kinder uns geben.«

hat, sagte er einmal: »Mobbing ist immer ein Führungsproblem der Erwachsenen. Sowohl die Mobber als auch ihre Opfer haben ein geringes Selbstwertgefühl. Und eines der charakteristischen Merkmale von geringem Selbstwertgefühl ist, dass es schwierig ist, als Person die richtige ›Größe‹ zu finden.« Beim Mobbing sehen wir zwei Arten des Selbstausdrucks – den extrovertierten und den selbstzerstörerischen. Wir erkennen die Tendenz, die Grenzen anderer zu verletzen, und die Unfähigkeit, die eigenen zu definieren. Dennoch muss betont werden, dass die Verbreitung von Mobbing in Kindertagesstätten, Schulen und Arbeitsplätzen nicht nur mit individuellen Persönlichkeitsmerkmalen zusammenhängt. Die Häufigkeit hängt ganz von der Fähigkeit der Führungskräfte ab, eine beziehungsorientierte Führung auszuüben. Mobbing ist schließlich nicht nur ein Phänomen unter Kindern, und es hilft auch nicht, es zu verbieten oder die Mobber zu bestrafen.

Für Jesper Juul war das Thema *Aggression* stets von großer Bedeutung, deshalb will ich an dieser Stelle auf seine erhellenden Sichtweisen hinweisen. Ich erlebe in Seminaren und Beratungen immer wieder, dass Aggression für viele ein Tabuthema ist.

Jesper Juul war der Ansicht, dass Aggression in vielen Lebenslagen notwendig und konstruktiv ist. Jedes Mal, wenn wir uns Ziele setzen und sagen, *ich will*, brauchen wir Aggression als treibende Kraft.

Gleiches gilt für die Fähigkeit, persönliche Grenzen zu setzen. In der Summe können wir nicht überleben, ohne Zugang zu den aggressiven Emotionen in uns zu haben und ohne in der Lage zu sein, sie so zu meistern, dass wir andere nicht beleidigen. Jesper fügte hinzu, es dauere die gesamte Kindheit, um den angebrachten Umgang mit eigener und fremder Aggression zu lernen. Was daran liegt, dass wir die aggressiven Emotionen erst physisch und dann verbal ausdrücken müssen, um uns selbst kennenzulernen. Nur so erhalten wir persönliches Feedback aus unserem Umfeld und können die Aggression konstruktiv in unser Leben einfügen.

Sowohl die introvertierte als auch die extrovertierte Aggression sind Botschaften der Menschen an ihre Umwelt, dass sie in ihrem gegenwärtigen Leben nicht gedeihen. Jede Generation setzt bestimmte Emotionen auf die schwarze Liste. In der Generation, die um 1930 geboren wurde, waren es das sexuelle Verlangen und Vergnügen. In der Generation der um 1950 Geborenen war es unter anderem die Eifersucht. Heute ist es die Aggression.

Zerstörerische Aggression kommt in Gewalt und Krieg zum Ausdruck, und wir haben seit dem Zweiten Weltkrieg hart daran gearbeitet, dies zu verhindern. Eltern und Erzieher, die sowohl gegen die eigene Aggression als auch gegen die der Kinder sind, sehen oft einen direkten Zusammenhang zwischen Aggression, Gewalt und Krieg, der nicht wirklich existiert. Wenn wir jüngere und ältere Menschen kennenlernen, die andere missbrauchen, stellt sich stets heraus, dass sie selbst Opfer von Gewalt und Missbrauch waren oder sind. Was bedeutet, dass diese Form von Gewalt persönliche psychosoziale Wurzeln hat. Wir müssen also nicht befürchten, dass ein wütender Dreijähriger eine tickende Zeitbombe ist. Im Gegenteil, je weniger seine aggressiven Gefühle zum Ausdruck gebracht und anerkannt werden, desto größer ist das Risiko, dass er später gewalttätig wird.

Jesper, ich danke dir für die Zeit, die wir zusammen erlebt haben. Es war mir eine Ehre. Und wie könnte ich dieses Nachwort besser abschließen, als mit einem Zitat von dir:

»Wenn ich Kinder als kompetent bezeichne, dann meine ich damit, dass wir wichtige Dinge von ihnen lernen können. Dass sie uns durch ihre Reaktionen ermöglichen, unsere verlorene Kompetenz wiederzugewinnen und unsere unfruchtbaren, lieblosen und destruktiven Handlungsmuster loszuwerden. Wir müssen zu einer Form des Dialogs finden, den viele Erwachsene auch untereinander nicht beherrschen.«

»Man darf als Eltern durchaus weinen, schreien, toben. Man darf das Kind nur nicht verletzen und kränken. Neoromantiker glauben, ihre Gefühle schaden dem Kind. Aber die Abwesenheit von Gefühlen schadet dem Kind!«

Literatur und DVDs

Bücher von Jesper Juul

Aggression. Fischer 2014

Aus Erziehung wird Beziehung, hrsg. von Ingeborg Szöllösi. Herder 2005

Aus Stiefeltern werden BonusEltern. Kösel 2011

Das Familienhaus. Kösel 2012

Dein kompetentes Kind. Rowohlt 2009

Die kompetente Familie. Beltz 2019

Elterncoaching. Gelassen erziehen. Beltz 2019

Familienberatung. Kösel 2015

Frag Jesper Juul – Gespräche mit Eltern. Beltz 2012

Frau und Mutter: Ein solidarischer Essay aus der Perspektive eines Mannes. familylab Schriftenreihe 2014

Grenzen, Nähe, Respekt. Rowohlt 2009

Kinder sind Geschenke für die Welt. Kösel 2016

Leitwolf sein. familylab Schriftenreihe 2014

Mann und Vater sein. Herder 2017

Miteinander. Wie Empathie Kinder stark macht. Gemeinsam mit Peter Høeg. Beltz 2017

Nein aus Liebe: Klare Eltern – starke Kinder. Beltz 2019 (auch als Hörbuch)

Pubertät – wenn Erziehen nicht mehr geht. Gelassen durch stürmische Zeiten. Kösel 2010

Schulinfarkt. Was wir tun können, damit es Kindern, Eltern und Lehrern besser geht. Kösel 2013

Unser Kind ist chronisch krank. Ein Ratgeber für Eltern. Beltz 2014

Vier Werte, die Kinder ein Leben lang tragen. Gräfe und Unzer 2014

Vom Gehorsam zur Verantwortung. Für eine neue Erziehungskultur. Gemeinsam mit Helle Jensen. Beltz 2019

Was Familien trägt: Werte in Erziehung und Partnerschaft. Beltz 2016

Was gibt's heute? Gemeinsam essen macht Familien stark. Beltz 2016

Wem gehören unsere Kinder? Dem Staat, den Eltern oder sich selbst? Ansichten zur Frühbetreuung. Beltz 2017

Werte in Familie und Partnerschaft. familylab Schriftenreihe 2014

Wollen wir wirklich starke und gesunde Kinder? familylab Schriften reihe 2014

Bücher von Mathias Voelchert

Chancen verlieben sich. Edition + Plus 2014

Ich geh aber nicht mit zum Wandern! Die 50 häufigsten Familienkonflikte und wie Sie da gut wieder rauskommen. Mit Andrea Kästle. Kösel 2014

Liebevolle elterliche Führung. Das Praxisbuch. Beltz 2017

Trennung in Liebe. Kösel 2019

Zum Frieden braucht es zwei, zum Krieg reicht einer. Wie Paare Konflikte in Liebe lösen. Kösel 2016

DVDs mit Jesper Juul

Zu beziehen über www.familylab.de:

5 Grundbausteine für eine Familie. Mit Jesper Juul

Kinder, Familien, Schulen unter Druck. Mit Jesper Juul

Gibt es unerreichbare Jugendliche – oder sind unsere Arme zu kurz?

Mit Jesper Juul, Bernhard Bueb und Rupert Voß